COMMENTAIRE PRATIQUE

DE

LA LOI DU 25 MARS 1896

RELATIVE

AUX DROITS D'HÉRÉDITÉ

DES ENFANTS NATURELS

AVEC 24 FORMULES

PAR

CHARLES DEFRÉNOIS

AVOCAT A LA COUR D'APPEL

Secrétaire de la rédaction du *Répertoire général pratique du Notariat*,
Auteur du *Traité Form. du Contrat d'assurance sur la vie*,
du *Traité des Droits d'hérédité entre époux*

PRIX : 3 FRANCS *franco*

DONNANT DROIT AUX SUPPLÉMENTS ANNUELS PENDANT TROIS ANS

PARIS

A L'ADMINISTRATION DU RÉPERTOIRE GÉNÉRAL PRATIQUE DU NOTARIAT

40, RUE D'ASSAS, 40

1896

N°..................

BON

POUR LE SUPPLÉMENT

AU COMMENTAIRE DE LA LOI DU 25 MARS 1896

SUR LES DROITS D'HÉRÉDITÉ DES ENFANTS NATURELS

devant paraître le 1er juillet 1897

A envoyer à M...

demeurant à ....

NOTA. — Pour avoir droit à ce Supplément, détacher ce bon et l'adresser, du 1er avril au 1er juillet 1897, à M. le Directeur du *Répertoire général pratique du Notariat*, 40, rue d'Assas, EN Y JOIGNANT UN TIMBRE DE 0,15. Après le 1er juillet 1897, la livraison du Supplément n'est plus garantie.

N°..................

BON

POUR LE SUPPLÉMENT

AU COMMENTAIRE DE LA LOI DU 25 MARS 1896

SUR LES DROITS D'HÉRÉDITÉ DES ENFANTS NATURELS

devant paraître le 1er juillet 1898

A envoyer à M...

demeurant à ....

NOTA. — Pour avoir droit à ce Supplément, détacher ce bon et l'adresser, du 1er avril au 1er juillet 1898, à M. le Directeur du *Répertoire général pratique du Notariat*, 40, rue d'Assas, EN Y JOIGNANT UN TIMBRE DE 0,15. Après le 1er juillet 1898, la livraison du Supplément n'est plus garantie.

N°..................

BON

POUR LE SUPPLÉMENT

AU COMMENTAIRE DE LA LOI DU 25 MARS 1896

SUR LES DROITS D'HÉRÉDITÉ DES ENFANTS NATURELS

devant paraître le 1er juillet 1899

A envoyer à M...

demeurant à ....

NOTA. — Pour avoir droit à ce Supplément, détacher ce bon et l'adresser, du 1er avril au 1er juillet 1899, à M. le Directeur du *Répertoire général pratique du Notariat*, 40, rue d'Assas, EN Y JOIGNANT UN TIMBRE DE 0,15. Après le 1er juillet 1899, la livraison du Supplément n'est plus garantie.

COMMENTAIRE PRATIQUE

DE LA LOI DU 25 MARS 1896

RELATIVE

AUX DROITS D'HÉRÉDITÉ

DES ENFANTS NATURELS

COMMENTAIRE PRATIQUE

DE

LA LOI DU 25 MARS 1896

RELATIVE

AUX DROITS D'HÉRÉDITÉ

DES ENFANTS NATURELS

AVEC 24 FORMULES

PAR

CHARLES DEFRÉNOIS

AVOCAT A LA COUR D'APPEL

Secrétaire de la rédaction du *Répertoire général pratique du Notariat*,
Auteur du *Traité-Form. du Contrat d'assurance sur la vie*,
du *Traité des Droits d'hérédité entre époux*

PARIS

A L'ADMINISTRATION DU RÉPERTOIRE GÉNÉRAL PRATIQUE DU NOTARIAT

40, RUE D'ASSAS, 40

1896

INTRODUCTION

La loi du 25 mars 1896 est une œuvre de réparation et de justice.

A l'enfant naturel reconnu, que le législateur du Code civil avait mis au rang des successeurs irréguliers, elle donne le titre et la qualité d'héritiers; mais elle n'a pas été jusqu'à l'assimiler entièrement aux enfants légitimes : il a droit à une quotité héréditaire moindre que ceux-ci.

On a dit et répété que l'enfant naturel ne devait pas être rendu responsable d'une faute dont il était l'inconsciente victime. C'est évidemment juste; mais il ne faut pas oublier qu'il y a un intérêt supérieur à celui d'une individualité, c'est celui de la société elle-même.

Le mariage, qui est la base de la société, doit être incontestablement protégé; il doit offrir des avantages que n'ont pas les unions libres. Le législateur, en assimilant les enfants naturels aux enfants légitimes, aurait porté une funeste atteinte à l'institution du mariage.

La loi du 25 mars 1896 offre encore d'autres avantages dont bénéficie l'enfant naturel : elle permet au père ou à la mère de disposer par testament à son profit d'une partie de leur succession, en présence d'héritiers réservataires, et, à défaut, de la totalité; elle lui confère également le droit à une réserve qui est fixée et établie d'après les bases admises par la jurisprudence.

Cette loi donnera lieu dans son application à de nombreuses difficultés; nous nous sommes efforcé de les prévoir dans ce Commentaire.

Cet ouvrage est divisé en neuf chapitres qui traitent :

Le premier, des considérations générales.

Le deuxième, de la qualité d'héritier.

Le troisième, de la quotité des droits héréditaires.

Le quatrième, de la succession de l'enfant naturel.

Le cinquième, de la capacité de recevoir.

Le sixième, de la réserve des enfants naturels.

Le septième, des droits de mutation par décès.

Le huitième, des dispositions transitoires,

Et le neuvième, de l'application de la loi aux colonies.

Un appendice est consacré à la législation étrangère.

L'ouvrage est terminé par 24 formules concernant l'application de cette loi.

LOI DU 25 MARS 1896

SUR LES

DROITS D'HÉRÉDITÉ DES ENFANTS NATURELS

(*Promulguée par l'insertion au* Journal Officiel *du 28 mars*)

TEXTE DE LA LOI

Art. 1er. — Il est créé au chapitre 3 du titre 1er du livre III du Code civil une section VI avec le titre : « Des successions déférées aux enfants naturels légalement reconnus et des droits de leurs père et mère dans leur succession. »

Cette section VI contiendra les articles suivants :

« *Art.* 756. La loi n'accorde de droits aux enfants naturels sur les biens de leurs père ou mère décédés que lorsqu'ils ont été légalement reconnus. Les enfants naturels légalement reconnus sont appelés en qualité d'héritiers à la succession de leur père ou de leur mère décédés.

» *Art.* 757. La loi n'accorde aucun droit aux enfants naturels sur les biens des parents de leur père ou de leur mère.

» *Art.* 758. Le droit héréditaire de l'enfant naturel dans la succession de ses père ou mère est fixé ainsi qu'il suit :

» Si le père ou la mère a laissé des descendants légitimes, ce droit est de la moitié de la portion héréditaire qu'il aurait eue s'il eût été légitime.

» *Art.* 759. Le droit est des trois quarts, lorsque les père ou mère ne laissent pas de descendants, mais bien des ascendants ou des frères ou sœurs ou des descendants légitimes de frères ou sœurs.

» *Art.* 760. L'enfant naturel a droit à la totalité des biens lorsque ses père ou mère ne laissent ni descendants ni ascendants, ni frères ou sœurs, ni descendants légitimes de frères ou sœurs.

» *Art.* 761. En cas de prédécès des enfants naturels, leurs enfants et descendants peuvent réclamer les droits fixés par les articles précédents.

» *Art.* 762. Les dispositions des articles 756, 758, 759 et 760 ne sont pas applicables aux enfants adultérins ou incestueux.

» La loi ne leur accorde que des aliments.

» *Art.* 763. Ces aliments sont réglés eu égard aux facultés du père et de la mère, au nombre et à la qualité des héritiers légitimes.

» *Art.* 764. Lorsque le père ou la mère de l'enfant adultérin ou incestueux lui auront fait apprendre un art mécanique, ou lorsque l'un d'eux lui aura assuré des aliments de son vivant, l'enfant ne pourra élever aucune réclamation contre leur succession.

» *Art.* 765. La succession de l'enfant naturel décédé sans postérité est dévolue au père ou à la mère qui l'a reconnu, ou, par moitié, à tous les deux, s'il a été reconnu par les deux. »

Les articles 756 à 765 du Code civil sont abrogés.

Art. 2. — La section 1re du chapitre 4 du titre 1er du livre III est intitulée : « Des droits des frères et sœurs sur les biens des enfants naturels. »

Elle contiendra uniquement l'article 766 du Code civil :

« *Art.* 766. En cas de prédécès des père et mère de l'enfant naturel décédé sans postérité, les biens qu'il en avait reçus passent aux frères et sœurs légitimes, s'ils se retrouvent en nature dans la succession; les actions en reprises, s'il en existe, ou le prix des biens aliénés, s'il en est encore dû, retournent également aux frères et sœurs légitimes. Tous les autres biens passent aux frères et sœurs naturels ou à leurs descendants. »

Art. 3. — L'article 908 du Code civil est modifié ainsi qu'il suit :

« *Art.* 908. Les enfants naturels légalement reconnus ne pourront rien recevoir par donation entre vifs au delà de ce qui leur est accordé au titre des successions. Cette incapacité ne pourra être invoquée que par les descendants du donateur, par ses ascendants, par ses frères et sœurs et les descendants légitimes de ses frères et sœurs.

» Le père ou la mère qui les ont reconnus pourront leur léguer tout ou partie de la quotité disponible, sans toutefois qu'en aucun cas, lorsqu'ils se trouvent en concours avec des descendants légitimes, un enfant naturel puisse recevoir plus qu'une part d'enfant légitime le moins prenant.

» Les enfants adultérins ou incestueux ne pourront rien recevoir par donation entre vifs ou par testament au delà de ce qui leur est accordé par les articles 762, 763 et 764. »

Art. 4. — Il est ajouté à l'article 913 du Code civil un paragraphe 2 ainsi conçu :

« L'enfant naturel légalement reconnu a droit à une réserve. Cette réserve est une quotité de celle qu'il aurait eue s'il eût été légitime, calculée en observant la proportion qui existe entre la portion attribuée à l'enfant naturel au cas de succession *ab intestat* et celle qu'il aurait eue dans le même cas s'il eût été légitime. »

Il est ajouté au même article 913 un troisième paragraphe reproduisant l'article 914 du Code civil, modifié ainsi qu'il suit :

« Sont compris dans le présent article, sous le nom d'enfants, les descendants en quelque degré que ce soit. Néanmoins, ils ne sont comptés que pour l'enfant qu'ils représentent dans la succession du disposant. »

L'article 915 du Code civil prendra le numéro 914.

Art. 5. — L'article 915 (nouveau) sera libellé ainsi qu'il suit :

« *Art.* 915. Lorsque, à défaut d'enfants légitimes, le défunt laisse à la fois un ou plusieurs enfants naturels et des ascendants dans les deux lignes ou dans une seule, les libéralités par actes entre vifs et par testament ne pourront excéder la moitié des biens du disposant s'il n'y a qu'un enfant naturel, le tiers s'il y en a deux, le quart s'il y en a trois ou un plus grand nombre. Les biens ainsi réservés seront recueillis par les ascendants jusqu'à concurrence d'un huitième de la succession, et le surplus par les enfants naturels. »

Art. 6. — Les articles 723 et 724 du Code civil sont modifiés ainsi qu'il suit :

« *Art.* 723. La loi règle l'ordre de succéder entre les héritiers légitimes et les héritiers naturels. A leur défaut, les biens passent à l'époux survivant et, s'il n'y en a pas, à l'Etat.

« *Art.* 724. Les héritiers légitimes et les héritiers naturels sont saisis de plein droit des biens, droits et actions du défunt, sous l'obligation d'acquitter toutes les charges de la succession. L'époux survivant et l'Etat doivent se faire envoyer en possession. »

Art. 7. — L'article 773 du Code civil est abrogé.

Art. 8. — L'article 53 de la loi des 28 avril-4 mai 1816, est modifié ainsi qu'il suit :

« L'enfant naturel légalement reconnu appelé à la succession *ab intestat* ou testamentaire de son auteur sera considéré, quant à la quotité du droit, comme enfant légitime. »

DISPOSITION TRANSITOIRE.

Art. 9. — Toute réclamation sera interdite à l'enfant naturel lorsqu'il aura reçu du vivant de ses père et mère, avant la date de la promulgation de la présente loi, la moitié de ce qui lui est attribué par les articles 758, 759, 760 et 761 précédents, avec déclaration expresse de leurs père ou mère que leur intention est de réduire l'enfant naturel à la portion qu'ils lui ont assignée. Dans le cas où cette portion serait inférieure à la moitié de ce qui devrait revenir à l'enfant naturel, il ne pourra réclamer que le supplément nécessaire pour parfaire cette moitié.

En ce qui concerne le calcul de la réserve des enfants naturels, la présente loi sera applicable à toutes les libéralités faites antérieurement à sa promulgation.

Art. 10. — La présente loi est applicable à toutes les colonies où le Code civil a été promulgué.

MODIFICATIONS

APPORTÉES AUX ARTICLES DU CODE CIVIL

PAR LA LOI DU 25 MARS 1896

(*Les parties modifiées sont en caractères italiques*)

ART. 723. — La loi règle l'ordre de succéder entre les héritiers légitimes *et les héritiers naturels. A leur défaut, les biens passent* à l'époux survivant et, s'il n'y en a pas, à l'Etat.

ART. 724. — Les héritiers légitimes *et les héritiers naturels* sont saisis de plein droit des biens, droits et actions du défunt, sous l'obligation d'acquitter toutes les charges de la succession. *L'époux survivant et l'Etat doivent* se faire envoyer en possession.

SECTION VI (*créée par la loi du 25 mars 1896*). — **Des successions déférées aux enfants naturels légalement reconnus et des droits de leurs père et mère dans leur succession.**

ART. 756. — La loi n'accorde de droits aux enfants naturels sur les biens de leurs père ou mère décédés que lorsqu'ils ont été légalement reconnus. *Les enfants naturels légalement reconnus sont appelés en qualité d'héritiers à la succession de leur père ou de leur mère décédés.*

ART. 757 (*ancien article* 756, 2e *alinéa*). — La loi n'accorde aucun droit aux enfants naturels sur les biens des parents de leur père ou de leur mère.

ART. 758 (*ancien art.* 757). — Le droit héréditaire de l'enfant naturel dans la succession de ses père ou mère est fixé ainsi qu'il suit :

Si le père ou la mère a laissé des enfants légitimes, ce droit est *de la moitié* de la portion héréditaire qu'il aurait eue s'il eût été légitime.

ART. 759 (*ancien art.* 757). — Le droit est des *trois quarts,* lorsque les père ou mère ne laissent pas de descendants, mais bien des ascendants ou des frères ou sœurs ou *des descendants légitimes de frères ou sœurs.*

ART. 760 (*ancien art.* 758). — L'enfant naturel a droit à la totalité des biens lorsque ses père ou mère ne laissent *ni descendants, ni ascendants, ni frères ou sœurs, ni descendants légitimes de frères ou sœurs.*

ART. 761 (*ancien art.* 759). — En cas de prédécès des enfants naturels, leurs enfants et descendants peuvent réclamer les droits fixés par les articles précédents.

Art. 762 (*non modifié*). — Les dispositions des art. 756, 758, 759 et 760 ne sont pas applicables aux enfants adultérins ou incestueux.

La loi ne leur accorde que des aliments.

Art. 763 (*non modifié*). — Ces aliments sont réglés eu égard aux facultés du père et de la mère, au nombre et à la qualité des héritiers légitimes.

Art. 764 (*non modifié*). — Lorsque le père ou la mère de l'enfant adultérin ou incestueux lui auront fait apprendre un art mécanique, ou lorsque l'un d'eux lui aura assuré des aliments de son vivant, l'enfant ne pourra élever aucune réclamation contre leur succession.

Art. 765 (*non modifié*). — La succession de l'enfant naturel décédé sans postérité est dévolue au père ou à la mère qui l'a reconnu, ou, par moitié, à tous les deux, s'il a été reconnu *par les deux*.

CHAPITRE IV.

Des successions irrégulières.

Section première. — Des droits des frères et sœurs sur les biens des enfants naturels.

Art. 766 (*non modifié*). — En cas de prédécès des père et mère de l'enfant naturel décédé sans postérité, les biens qu'il en avait reçus passent aux frères et sœurs légitimes, s'ils se retrouvent en nature dans la succession : les actions en reprises, s'il en existe, ou les prix des biens aliénés, s'il en est encore dû, retournent également aux frères et sœurs légitimes. Tous les autres biens passent aux frères et sœurs naturels ou à leurs descendants.

Art. 773 (abrogé par l'article 3).

Art. 908. — Les enfants naturels *légalement reconnus* ne pourront rien recevoir par donation entre vifs au delà de ce qui leur est accordé au titre des successions. *Cette incapacité ne pourra être invoquée que par les descendants du donateur, par ses ascendants, par ses frères et sœurs et les descendants légitimes de ses frères et sœurs.*

Le père ou la mère qui les ont reconnus pourront leur léguer tout ou partie de la quotité disponible, sans toutefois qu'en aucun cas, lorsqu'ils se trouvent en concours avec des descendants légitimes, un enfant naturel puisse recevoir plus qu'une part d'enfant légitime le moins prenant.

Les enfants adultérins ou incestueux ne pourront rien recevoir par donation entre vifs ou par testament au delà de ce qui leur est accordé par les articles 762, 763 et 764.

Art. 913... (*Alinéa ajouté par la loi du 25 mars 1896*). — *L'enfant naturel légalement reconnu a droit à une réserve. Cette réserve est une quotité de celle qu'il aurait eue s'il eût été légitime, calculée en observant la proportion qui existe entre la portion attribuée à l'enfant naturel au cas de succession* ab intestat *et celle qu'il aurait eue dans le même cas s'il eût été légitime.*

(*Ancien article* 914). — Sont compris dans le *présent* article, sous le nom d'enfants, les descendants en quelque degré que ce soit. Néanmoins, ils ne sont comptés que pour l'enfant qu'ils représentent dans la succession du disposant.

ART. 914 (*cet article comprend l'ancien article* 915 *non modifié*).

ART. 915 (*nouveau*). — *Lorsque, à défaut d'enfants légitimes, le défunt laisse à la fois un ou plusieurs enfants naturels et des ascendants dans les deux lignes ou dans une seule, les libéralités par actes entre vifs et par testament ne pourront excéder la moitié des biens du disposant s'il n'y a qu'un enfant naturel, le tiers s'il y en a deux, le quart s'il y en a trois ou un plus grand nombre. Les biens ainsi réservés seront recueillis par les ascendants jusqu'à concurrence d'un huitième de la succession, et le surplus par les enfants naturels.*

COMMENTAIRE

CHAPITRE PREMIER

CONSIDÉRATIONS GÉNÉRALES

SOMMAIRE

1 — I. **Généralités.** De tout temps, la situation juridique des enfants naturels reconnus a été inférieure à celle des enfants légitimes, et c'est principalement au point de vue successoral que cette différence a été manifeste. On a toujours considéré que les enfants nés hors mariage ne pouvaient avoir les mêmes droits que les enfants issus du mariage. « L'honneur du mariage, dit M. Demolombe, IX, n° 6, d'accord avec l'intérêt des familles, ne permet pas que l'on attribue aux fruits du désordre les droits héréditaires qui appartiennent aux enfants issus du mariage. »

2 — II. **Droit romain.** A Rome, les enfants naturels (nés *ex concubinatu*) n'avaient, à l'origine, aucun droit dans la succession de leur père; ce fut seulement Justinien qui leur accorda une certaine quotité : à défaut de descendants légitimes et du conjoint, ils avaient droit à un sixième de la succession et, dans le cas contraire, ils ne pouvaient réclamer que des aliments. Mais en ce qui concerne la succession de la mère, les enfants naturels avaient les mêmes droits que les enfants légitimes.

3 — III. **Droit coutumier.** Dans notre ancien droit, les enfants naturels furent traités très durement. « Enfants bâtards ne succèdent, » disait-on, et c'était là une règle qui avait été admise par presque toutes

les coutumes. Toutefois, sous l'influence du droit romain, quelques coutumes reconnurent à l'enfant naturel des droits dans la succession de sa mère. « Nul n'est bâtard de par sa mère. » Mais, en général, l'ancienne législation leur refusait tout droit successoral, aussi bien dans la succession du père que dans celle de la mère, et à défaut de parents au degré successible, les enfants naturels étaient même exclus, et la succession était dévolue au conjoint survivant ou à l'Etat. Tout au plus leur reconnaissait-on un droit à des aliments.

4 — IV. **Droit révolutionnaire.** La Révolution de 1789 ne pouvait maintenir cette inégalité entre les enfants légitimes et les enfants naturels; elle modifia entièrement la situation des enfants naturels, et la fièvre d'égalité qui dominait alors fit décréter l'assimilation complète des enfants naturels aux enfants légitimes. La loi du 4 juin 1793 décida que les enfants nés hors le mariage succéderaient à leurs père et mère dans la forme qui serait déterminée, et la loi du 12 brumaire an II leur reconnut un droit de successibilité égal à ceux des autres enfants ; elle décida même que cette disposition produirait un effet rétroactif et qu'elle serait applicable à toutes les successions ouvertes depuis le 14 juillet 1789. Mais une réaction ne tarda pas à se produire , et une loi du 15 thermidor an IV limita aux successions ouvertes depuis sa promulgation les effets de la loi de l'an II.

5 — V. **Code civil.** Les rédacteurs du Code civil s'attachèrent à observer un juste milieu entre la rigueur excessive de l'ancien droit, qui accordait à peine aux enfants naturels un morceau de pain sur la succession de leurs parents, et les faveurs scandaleuses du droit intermédiaire qui les assimilait ou à peu près aux enfants légitimes (Chabot, exposé des motifs). Mais on a reproché aux législateurs d'avoir restreint dans des limites trop étroites les droits des enfants naturels. Le Code civil ne leur reconnaissait pas la qualité d'héritier; il permettait aux parents de réduire leurs droits dans des proportions très minimes; dans tous les cas, leur quotité héréditaire était de beaucoup inférieure à celle des enfants légitimes. Même en l'absence d'héritiers réservataires, l'enfant naturel ne pouvait avoir des droits plus étendus que ceux déterminés par la loi. On arrivait à ce résultat étrange qu'un père qui voulait donner tous ses biens à son enfant naturel était obligé de ne pas le reconnaître; il se trouvait placé dans la cruelle alternative ou de priver son enfant d'une partie considérable de ses biens ou de lui refuser son nom.

6 — VI. **Historique de la nouvelle loi.** Dans la séance de la Chambre des députés du 18 mars 1890, MM. Alfred Letellier, Jullien et Rivet avaient déposé une proposition de loi ayant pour objet d'assimiler les enfants naturels aux enfants légitimes au point de vue successoral. Cette proposition fut prise en considération (séance du 3 février 1891)

et renvoyée à l'examen d'une commission. Le gouvernement considéra que la proposition de loi, telle qu'elle avait été conçue par ses auteurs, accordait à l'enfant naturel des droits trop étendus, et la commission dut accepter un texte de transaction qui, tout en affirmant le droit héréditaire de l'enfant naturel reconnu et lui constituant une réserve, ne créait pas pour lui l'égalité. En présence d'enfants légitimes il n'avait que la moitié de la part qu'il aurait recueillie comme légitime ; en présence d'ascendants de ses père et mère, il avait la moitié en toute propriété et la nue propriété de l'autre moitié : dans tous les autres cas, il avait droit à la totalité de la succession. Comme correctif, le père ou la mère avaient le droit de léguer à l'enfant naturel reconnu, par voie testamentaire, une part d'enfant légitime lorsqu'il se trouvait en concours avec ceux-ci.

7 — Cette proposition fut adoptée sans discussion par la Chambre des députés (séances des 10 mai et 21 juillet 1893); elle fut renvoyée devant le Sénat qui, à son tour, la considérant comme trop large, la modifia. Mais contrairement à ce qui avait eu lieu devant la Chambre des députés, le Sénat la discuta longuement, aussi bien en première délibération (séances des 18, 19, 21, 22 et 25 mars 1895) qu'en deuxième délibération (séances des 21 et 27 juin 1895). La Chambre des députés, sur un rapport conforme de M. Jullien, ratifia, toujours sans discussion, les modifications apportées par le Sénat (séances des 5 et 21 mars 1896).

8 — VII. **Contre-projet; assimilation des enfants naturels aux enfants légitimes.** Au Sénat, MM. Demole et Tolain avaient déposé un contre-projet ayant pour objet l'assimilation complète entre les enfants naturels reconnus et les enfants légitimes, avec parts égales dans les successions paternelle ou maternelle, réserve calculée de la même manière et même exclusion des ascendants, sauf pension alimentaire quand ils sont dans le besoin.

9 — D'après les auteurs de ce contre-projet, la famille devrait être considérée comme un groupement de personnes qui ont consenti à former une agglomération avec des droits et des devoirs réciproques. Le père ou la mère qui l'ont fondée, soit par le mariage, soit par l'union libre, soit encore en y plaçant des enfants naturels reconnus à côté d'enfants légitimes, ont contracté vis-à-vis des uns et des autres des devoirs égaux, comme ils ont acquis par la reconnaissance la puissance paternelle et notamment le droit de correction. Le père ou la mère ne sauraient de leur vivant, sans encourir le mépris public, faire de distinction entre eux pour leur éducation, leur entretien, la préparation de leur carrière et leur dot ; ils ne pourraient non plus, au cas de succession *ab intestat*, être réputés avoir voulu priver leurs enfants naturels d'une partie de leur droit héréditaire au profit d'ascendants que la loi exclut en présence d'enfants légitimes; la mort ne doit pas modifier une situation

créée par une volonté réfléchie, ni faire apparaître une différence incompatible avec l'idée de famille sainement entendue.

10 — La commission propose le rejet de ce contre-projet par les motifs suivants :

11 — La famille n'est pas seulement un groupement qu'un père ou une mère composent à leur gré; les lois, la morale, les religions, les mœurs dans le monde entier ne l'entendent pas ainsi. Dans le sens vrai et universellement accepté, c'est une institution sociale qui procède du mariage; elle lui est invinciblement attachée; elle en assure le maintien et la dignité et ne se forme, n'existe, ne se perpétue que par lui. Le législateur n'a pas le droit de l'ébranler. Conclure des devoirs du père et de la mère naturels à l'obligation d'imposer avec égalité parfaite leurs enfants illégitimes à ceux qui sont nés ou naîtront de justes noces, c'est sacrifier un intérêt supérieur et général à des situations particulières et exceptionnelles, détourner des unions légitimes, encourager le désordre des mœurs et provoquer des discordes et des haines au milieu desquelles le lien du sang, sous prétexte d'être plus largement respecté, risquerait de se relâcher et de se rompre. Ce serait en outre conduire logiquement à la même solution pour les enfants adultérins et incestueux, envers lesquels la gravité de la faute rend encore la responsabilité plus lourde; la recherche de la paternité devrait réapparaître, comme le décret de brumaire an II l'avait logiquement aussi rétablie, et il n'y aurait aucune raison de refuser effet contre le conjoint et les enfants légitimes aux reconnaissances, faites pendant le mariage, des enfants naturels nés avant qu'il eût été contracté : toutes choses que les honorables auteurs de la proposition refusent, tant les nécessités sociales dominent les intérêts particuliers et parfois les idées de justice absolue. On peut se demander, d'ailleurs, si l'assimilation complète des enfants naturels aux enfants légitimes, dont le but serait de satisfaire à l'équité et à la loi naturelle, n'aurait pas souvent des effets injustes dans la distribution des fortunes organisée par notre législation civile. L'enfant naturel bénéficierait autant que l'enfant légitime, dans les successions *ab intestat*, des bénéfices de communauté dus au travail, à l'administration, à l'économie, aux capitaux du conjoint. On le verrait prendre part égale dans les donations de contrat de mariage ou entre époux et les libéralités testamentaires, et, pour parler des ascendants, il est difficile de comprendre comment ils seraient obligés de laisser passer dans les mains d'une personne qui leur est étrangère la totalité des biens qu'ils ont donnés pour fonder une famille régulière. (M. Dauphin, rapporteur du Sénat.)

12 — M. Demole soutint cependant ce contre-projet dans la séance du 16 mars 1896. Mais M. Dauphin, rapporteur, et M. Trarieux, garde des sceaux, s'opposèrent à son adoption. Le Sénat le rejeta.

13 — VIII. **Objet de la loi.** La loi du 25 mars 1896 a un objet res-

treint. Conçue dans un esprit de sagesse et de modération, elle constitue une réforme modeste et pratique que réclament l'équité et les mœurs (Rapport au Sénat).

14 — Le législateur a voulu seulement améliorer la situation des enfants naturels légalement reconnus, tout en ne leur conférant pas les mêmes droits héréditaires qu'aux enfants légitimes. A cet effet, il leur a donné la qualité d'héritiers que le Code civil leur refusait, il a augmenté la quotité de leurs droits et il a autorisé le père et la mère à leur faire par préciput des libéralités testamentaires au delà de leurs droits *ab intestat*. Tels sont les principaux objets de la nouvelle loi.

15 — IX. **Enfants adultérins et incestueux.** La loi du 25 mars 1896 ne concerne que les enfants naturels; elle ne modifie d'aucune façon la situation des enfants adultérins et incestueux. Si les articles 762 à 764 sont rapportés dans cette loi, c'est en raison de la modification de l'article 762, qui a uniquement pour objet de changer le renvoi aux articles précédents à cause du numérotage qui n'est plus le même. Nous laisserons donc en dehors de ce commentaire les articles 762, 763 et 764.

CHAPITRE II

DE LA QUALITÉ D'HÉRITIER

SOMMAIRE

16 — ART. 723. La loi règle l'ordre de succéder entre les héritiers légitimes et les héritiers naturels. A leur défaut, les biens passent à l'époux survivant et, s'il n'y en a pas, à l'Etat.

17 — I. **Ordre de succéder.** D'après l'ancien article 723, il n'y avait qu'une seule classe d'héritiers : les héritiers légitimes. Les enfants naturels étaient mis au rang des successeurs irréguliers par l'article 756. Mais le nouvel article 756 leur conférant le titre et la qualité d'héritiers, *infra* n° 31, les enfants naturels se trouvent au même rang que les héritiers légitimes. L'article 723, qui règle d'une façon générale l'ordre de succession, devait nécessairement être modifié, afin de faire ressortir le changement apporté dans la situation des enfants naturels.

18 — II. **Héritiers naturels.** Le nouvel article 723 porte que la loi règle l'ordre de succéder entre les héritiers légitimes et les *héritiers naturels*. Que faut-il entendre par l'expression « héritiers naturels? » Doit-on en limiter le sens aux enfants naturels? Ou bien faut-il y comprendre les père et mère naturels, ainsi que les frères et sœurs naturels venant à la succession de l'enfant naturel, en un mot toute la parenté naturelle?

19 — En se reportant au texte de l'article 723, on pourrait croire que l'expression « héritiers naturels » devrait comprendre toute la parenté naturelle, de même que l'expression « héritiers légitimes » comprend toute la parenté légitime. Mais la discussion qui a eu lieu au Sénat et notamment le rapport de M. Dauphin ne peuvent laisser aucun doute sur ce point : il ne faut entendre par « héritiers naturels » que les enfants naturels.

20 — L'ancien texte de l'article 723 comprenait uniquement, dans son premier paragraphe, les enfants légitimes. La Chambre des députés avait maintenu ce texte en se bornant à supprimer dans le second paragraphe les mots « enfants naturels. » Mais cette modification ne parut pas suffisante à la commission du Sénat : elle ajouta à la fin du premier paragraphe les mots « héritiers naturels. » Voici en quels termes M. Dauphin, rapporteur, a justifié cette modification : « Il est permis de supposer que dans les mots « héritiers légitimes, » la Chambre des députés a voulu comprendre à la fois les membres de la famille et les enfants naturels ; mais, outre les controverses auxquels ce texte peut donner lieu, nous pensons qu'il est erroné : la qualité d'héritier donnée à l'enfant naturel ne lui confère pas la légitimité, et l'article 338 du Code civil qui lui interdit de réclamer les droits d'enfant légitime, est conservé. »

21 — Il faut donc admettre que les mots « héritiers naturels » ne comprennent que les enfants naturels ; les père et mère naturels, ainsi que les frères et sœurs naturels, demeurent des successeurs irréguliers et leur situation n'est en rien modifiée. D'ailleurs la Chambre des députés avait apporté des modifications aux articles 765 et 766, qui concernent la succession des enfants naturels ; la commission du Sénat ne les a pas admises par le motif que la réforme à laquelle il était procédé devait avoir uniquement pour but d'améliorer la situation des enfants naturels, et qu'il n'était pas opportun d'y rattacher des innovations qui ont seulement avec elle un rapport indirect.

22 — On peut toutefois se demander s'il n'aurait pas été juste et équitable de conférer à toute la filiation naturelle la qualité d'héritiers : car on arrive à ce résultat, tout au moins bizarre, que les père et mère, étant des successeurs irréguliers, doivent se faire envoyer en possession de la succession de leur enfant naturel, tandis que ce dernier, ayant le titre et la qualité d'héritier, est saisi de plein droit de leur succession.

23 — Quoi qu'il en soit, il est regrettable que le législateur se soit servi d'une expression aussi générale pour désigner uniquement les enfants naturels. Nous retrouvons cette même expression dans l'article 724, et elle a été employée dans le même sens.

24 — Art. 724. Les héritiers légitimes et les héritiers natu-

rels sont saisis de plein droit des biens, droits et actions du défunt, sous l'obligation d'acquitter toutes les charges de la succession. L'époux survivant et l'Etat doivent se faire envoyer en possession.

25 — III. **Saisine.** L'enfant naturel, étant un successeur irrégulier, n'avait pas la saisine et devait se faire envoyer en possession. Du moment que la qualité d'héritier lui est donnée par la loi, *infra* n° 31, il en résulte nécessairement qu'il est de plein droit saisi des biens, droits et actions du défunt; c'est ce que constate le nouvel article 724.

26 — IV. **Enfants naturels.** Les enfants naturels ont seuls la saisine; les père et mère naturels, ainsi que les frères et sœurs naturels, étant des successeurs irréguliers, ne sont pas saisis de plein droit; ils doivent se faire envoyer en possession, *infra* n° 114. L'expression « héritiers naturels », dont s'est servi le législateur dans l'article 724, doit être interprétée restrictivement, et, ainsi que nous l'avons dit, *supra* n° 21, à propos de l'art. 723, elle ne vise que les enfants naturels.

27 — V. **Dettes et charges de la succession.** Les enfants naturels, étant saisis de plein droit de la propriété des biens héréditaires, les appréhendent aussitôt le décès; ils sont tenus, comme les héritiers légitimes, d'une manière indéfinie, *ultra vires*, au payement des dettes de la succession, ainsi que des legs. Lorsque l'enfant naturel avait la qualité de successeur irrégulier, on discutait la question de savoir si ses obligations n'étaient pas limitées aux biens qu'il recueillait (Defrénois, *Traité-Form.*, 7e édit., 3183, et *Traité des liquid.*, 488). Etant maintenant héritier, il a les mêmes obligations que les héritiers légitimes; par suite, s'il ne veut pas être tenu à l'acquit des dettes et des legs *ultra vires*, il doit accepter la succession de ses père ou mère sous bénéfice d'inventaire.

28 — Art. 756. La loi n'accorde de droits aux enfants naturels sur les biens de leurs père et mère décédés que lorsqu'ils ont été légalement reconnus. Les enfants naturels légalement reconnus sont appelés en qualité d'héritiers à la succession de leur père ou de leur mère décédés.

29 — VI. **Droit héréditaire.** Aux termes de l'ancien article 756, les enfants naturels reconnus n'étaient point héritiers de leur père ou de leur mère. La loi ne leur accordait que des droits sur leurs biens. Mais, en fait, ils étaient considérés comme ayant, non pas un simple droit de créance, mais un véritable droit héréditaire qui, sauf la quotité, était de

même nature que le droit des héritiers légitimes, et la jurisprudence leur reconnaissait des droits à peu près identiques. Sur deux points seulement, elle avait été obligée de respecter le texte du Code ; l'enfant naturel ne pouvait avoir la saisine en présence des dispositions formelles de l'article 724, et il imputait, au lieu de rapporter, les donations qui lui avaient été faites, par application de l'article 760.

30 — Ainsi la distinction qui existait entre les enfants légitimes et les enfants naturels n'était plus qu'une subtilité, suivant l'expression du rapporteur au Sénat, et il n'était pas utile de conserver une distinction sans intérêt pratique, qui hérisse la matière de difficultés et n'est plus qu'un stigmate et une manifestation législative de mépris. « La filiation des enfants naturels, ajoute le rapporteur, est aussi certaine que celle des enfants légitimes : la preuve en est aussi authentique; la perspective de conférer la qualité d'héritier par la reconnaissance n'a rien qui puisse encourager les unions libres plus que le droit de reconnaissance lui-même, et ce n'est pas la qualité d'héritier qui fera entrer plus avant l'enfant naturel dans la famille, où sa place dépendra de la volonté du père ou de la mère et des sentiments des frères et sœurs, plus que d'un mot inséré dans un article du Code civil. »

31 — VII. **Héritiers.** Le nouvel article 756 confère expressément aux enfants naturels la qualité d'héritiers. Ce titre a pour effet de les assimiler aux enfants légitimes au point de vue du droit successoral ; sauf la quotité héréditaire, ils ont les mêmes avantages que les enfants légitimes, et toutes le sdispositions qui concernent ces derniers leur sont également applicables.

32 — VIII. **Envoi en possession.** Nous avons déjà vu que l'enfant naturel a la saisine et qu'il n'est plus tenu de se faire envoyer en possession (*supra* n° 25). L'article 773, qui rendait applicable aux enfants naturels, appelés à défaut de parents, les dispositions des articles 769 et 770, a été abrogé par l'article 3 de la loi du 25 mars 1896. Il était d'ailleurs reconnu que l'envoi en possession n'était d'aucune utilité ; cette formalité avait au contraire, en certains cas, pour conséquence nécessaire et désastreuse d'obliger l'enfant naturel à faire emploi du mobilier, à donner caution et à supporter la flétrissure d'affiches et de publications dans les journaux, qui révélaient un état civil souvent soigneusement caché jusque-là (Rapporteur du Sénat).

33 — IX. **Partage.** L'enfant naturel, étant héritier, doit concourir au partage de la succession de la même manière que les enfants légitimes ; il peut notamment requérir l'apposition et la levée des scellés, ainsi que la confection de l'inventaire, provoquer le partage, exercer le retrait successoral, etc. Les légataires doivent lui demander la délivrance de leurs legs, au même titre qu'aux enfants légitimes.

34 — X. **Rapport.** Il était également admis que le rapport était dû

à l'enfant naturel, mais celui-ci devait seulement imputer sur sa part les libéralités que son père ou sa mère lui avaient faites (C. civ., 760). Cette imputation avait, en fait, une grande analogie avec le rapport. L'enfant naturel, en sa qualité d'héritier, est maintenant soumis au rapport de la même façon que les autres héritiers. La disposition de l'article 760, relative à l'imputation des libéralités, a été formellement abrogée par l'article 1er *in fine*.

35. — XI. **Partage anticipé**. Le partage anticipé doit être fait entre tous les enfants de l'ascendant; et antérieurement à la loi du 25 mars 1896, il était généralement admis par les auteurs que l'omission d'un enfant naturel entraînait la nullité du partage par application de l'article 1078 (Voir Defrénois, *Traité-Form.*, 7e édit., n° 4853). L'enfant naturel, étant maintenant héritier, doit y concourir au même titre que les enfants légitimes; mais il ne peut lui être donné que sa quotité héréditaire, *infra* n° 227.

36 — XII. **Reconnaissance**. Pour que l'enfant naturel ait des droits dans la succession de ses père ou mère, il faut qu'il soit légalement reconnu. La reconnaissance est le titre juridique de sa filiation; c'est elle qui lui confère la qualité d'héritier. A défaut de cette reconnaissance, il est considéré comme un étranger et n'a aucun droit héréditaire dans la succession de ses père ou mère.

37 — XIII. **Formes de la reconnaissance**. La reconnaissance de l'enfant doit être légalement établie : c'est à celui qui réclame des droits en cette qualité à justifier du titre qui lui confère la qualité d'enfant naturel. La reconnaissance peut être soit volontaire, soit judiciaire.

38 — XIV. **Reconnaissance volontaire; acte**. La reconnaissance volontaire est celle qui résulte de l'aveu du père ou de la mère librement consenti : elle peut être faite soit dans l'acte de naissance, soit postérieurement dans une déclaration devant le maire ou devant notaire (C. civ., 62, 334). Dans ce dernier cas, l'acte de reconnaissance doit être passé en la présence réelle du notaire en second ou des témoins instrumentaires.

39 — XV. **Ibid.; mention d'actes authentiques**. La reconnaissance d'un enfant naturel peut également résulter d'une mention mise dans un acte authentique, pourvu qu'elle ait le caractère d'un aveu émanant du père ou de la mère. Il en est ainsi notamment :

40 — 1° Des énonciations d'un testament public ou mystique (Duranton, III, 217; Demolombe, V, 404; CONTRA : Aubry et Rau, § 568-20; Laurent, IV, 54) même passé en pays étrangers, dans les formes usitées en ce pays (Seine, 19 juillet 1895; Rép. Defrénois, 8804), nonobstant toute révocation (Duranton, III, 219; Aubry et Rau, § 568 *quater*-2; Demante, IV, 182 *bis*-3; Bastia, 5 juillet 1826, 17 août 1829; Villefranche,

27 juillet 1881; Rép. Defrénois, 385. CONTRA : Demolombe, V, 455; Laurent, IV, 35), mais non d'un testament olographe (Duranton, III, 225; Demolombe, V, 399; Aubry et Rau, § 568-19; Laurent, IV, 52; Limoges, 6 juillet 1832; Cass., 7 mai 1833, 7 décembre 1840, 18 mars 1862; Nîmes, 2 mai 1837; Alger, 4 juin 1857; Aix, 7 juin 1860; Bordeaux, 15 juin 1861; Paris, 11 août 1866; Agen, 27 novembre 1866; Caen, 11 décembre 1876).

41 — 2° D'un interrogatoire ou enquête consigné par le juge commis dans son procès verbal, ou de la déclaration de la partie constatée sur le registre d'audience du tribunal (Demolombe, V, 398; Demante, II, 62 *bis*-2; Colmar, 24 mars 1813).

42 — 3° D'un consentement à mariage donné par acte notarié avant le mariage (Paris, 22 juin 1872) ou dans l'acte même de mariage (Paris, 23 mai 1873; Vervins, 19 mars 1891; Rép. Defrénois, 5969).

43 — 4° Des énonciations d'un procès verbal de flagrant délit dressé par un magistrat de l'ordre judiciaire, même un juge de paix (Toulouse, 24 décembre 1885; Cass., 13 juillet 1886; Rép. Defrénois, 3044, 3194).

44 — 5° Des mentions d'un acte de donation (Aubry et Rau, § 568 *bis*-25; Demolombe, V, 410; Laurent, IV, 55; Cass., 24 janvier 1888; Rép. Defrénois, 4369).

45 — 6° De la procuration authentique par laquelle le père a institué pour mandataire son enfant naturel en lui donnant le nom de fils (Seine, 11 février 1888; Rép. Defrénois, 4397).

46 — 7° Du fait que, dans un acte dressé par l'officier de l'état civil compétent, une femme alsacienne-lorraine a déclaré opter pour la nationalité française tant en son nom qu'au nom de sa fille mineure (Seine, 20 juin 1890; Rép. Defrénois, 5624).

47 — 8° De l'engagement pris dans un acte notarié, par le père, de subvenir aux besoins de l'enfant et de la déclaration qu'il y a faite que la mère était enceinte de ses œuvres (Cass., 2 janvier 1895; Rép. Defrénois, 8304).

49 — Jugé cependant que la reconnaissance ne saurait résulter de l'acte d'engagement militaire contracté par l'enfant devant le maire de son canton, alors même que la mère naturelle aurait comparu à l'acte pour donner son consentement (Limoges, 7 décembre 1886; Rép. Defrénois, 3530).

50 — XVI. **Ibid.; acte de naissance; indication.** La reconnaissance d'un enfant naturel ne peut résulter de la simple indication du père ou de la mère dans l'acte de naissance; toutefois, en ce qui concerne la mère, cette indication peut être confirmée par son aveu, ce qui équivaut à reconnaissance (Aubry et Rau, § 568 *bis*-27; Cass., 22 janvier 1839, 7 janvier 1852, 26 mars 1866, 30 novembre 1868; Bordeaux,

27 août 1877; Nîmes, 15 février 1887; Rép. Défrenois, 3740). CONTRA : Marcadé, 336-1; Demolombe, V, 383; Laurent, IV, 27).

51 — XVII. **Ibid. — Acte sous seing privé.** Mais la reconnaissance d'un enfant naturel ne peut être faite dans un acte sous seing privé, même déposé au rang des minutes d'un notaire, à moins que ce ne soit avec reconnaissance d'écriture (Demolombe, V, 406; Aubry et Rau, § 568 *bis*-21; Laurent, IV, 50); toutefois, à l'égard de la mère, l'aveu contenu dans un acte sous seing privé appuyé de la possession d'état peut faire preuve de la filiation naturelle, *infra* n° 53.

52 — XVIII. **Reconnaissance judiciaire.** La recherche de la paternité étant interdite, une action en reconnaissance d'un enfant naturel ne peut être introduite à l'égard du père, sauf cependant en cas de viol ou de recel (C. civ., 340). En ce qui concerne la mère, l'enfant naturel doit prouver : 1° le fait de l'accouchement; 2° son identité avec l'enfant dont la mère est accouchée (C. civ., 341).

53 — XIX. **Possession d'état.** En principe, la possession d'état ne suffit pas pour constituer la filiation naturelle; toutefois, à l'égard de la mère, elle peut être considérée comme emportant reconnaissance, alors qu'elle s'appuie sur l'acte de naissance portant indication de la mère ou sur un commencement de preuve par écrit (voir notamment Lyon, 29 nov. 1886; Limoges, 7 déc. 1886; Nîmes, 15 fév. 1887; Seine, 2 août 1889; Paris, 11 juin 1891; Châteauroux, 17 mai 1892; Besançon, 6 juill. 1892; Rép. Défrénois, 3550, 3684, 3740, 5118, 6029, 6925, 6926).

54 — XX. **Capacité.** La reconnaissance d'un enfant naturel, étant l'attestation volontaire d'un fait, peut être consentie même par un incapable, sans aucune autorisation; elle peut donc émaner d'un mineur non émancipé, d'une femme mariée, sans l'autorisation de son mari ou de justice, d'un individu pourvu d'un conseil judiciaire, sans l'assistance de ce conseil; d'un interdit, pourvu que ce soit dans un intervalle lucide (voir *Traité-Form.*, 7e édit., 1872).

55 — XXI. **Reconnaissance durant le mariage.** Aux termes de l'article 337 C. civ., la reconnaissance faite pendant le mariage par l'un des époux, au profit d'un enfant naturel qu'il aurait eu avant son mariage d'une autre que de son époux, ne peut nuire ni à celui-ci ni aux enfants nés du mariage. Cette disposition n'est pas modifiée par la loi du 25 mars 1896; en conséquence, l'enfant naturel qui serait reconnu par l'un des époux durant le mariage ne saurait se prévaloir de sa qualité d'héritier pour préjudicier aux avantages ou droit d'usufruit revenant à l'autre conjoint, ainsi qu'aux droits héréditaires appartenant aux enfants issus du mariage (Defrénois, *Traité-Form.*, 7e édit., 1873).

56 — ART. 757. La loi n'accorde aucun droit aux enfants

naturels sur les biens des parents de leur père ou de leur mère.

57 — XXII. **Parents du père ou de la mère.** La reconnaissance n'a d'autre effet que de constater la filiation entre l'enfant et son père ou sa mère; mais elle ne le fait pas entrer dans leur famille, et il n'existe aucun lien de parenté entre lui et les parents de ses père ou mère. Il en résulte qu'il ne peut avoir aucun droit à leur succession. C'est ce que constate l'article 757, qui n'est que la reproduction du dernier alinéa de l'ancien article 756.

CHAPITRE III

DE LA QUOTITÉ DES DROITS HÉRÉDITAIRES

SOMMAIRE

58 — **I. Trois cas.** La quotité du droit de l'enfant naturel dans la succession de ses père ou mère est différente suivant qu'il se trouve en concours : 1° avec des descendants légitimes; 2° avec des ascendants ou des frères et sœurs ou des descendants légitimes des frères ou sœurs; 3° avec des collatéraux autres que des frères et sœurs. Nous allons examiner séparément chacun de ces cas.

§ 1er. Concours de l'enfant naturel avec des descendants légitimes.

59 — ART. 758. Le droit héréditaire de l'enfant naturel dans

la succession de ses père et mère est fixé ainsi qu'il suit :

60 — Si le père ou la mère a laissé des descendants légitimes, ce droit est de la moitié de la portion héréditaire qu'il aurait eue s'il eût été légitime.

61 — II. **Quotité.** Lorsque l'enfant naturel est en concours avec des descendants légitimes, son droit héréditaire est de moitié de ce qu'il aurait eu s'il eût été légitime. L'ancien art. 757 ne lui attribuait dans ce cas que le tiers. L'augmentation qui résulte de la loi du 25 mars 1896 est justifiée : on avait depuis longtemps reconnu que la quotité fixée par le Code civil était trop faible : elle ne fournissait à un enfant naturel que le sixième de la succession dans l'hypothèse la plus favorable. En portant le tiers à moitié, le maximum ne sera encore que d'un quart de la succession (Rapport au Sénat).

62 — III. **Calcul du droit.** Pour faire le calcul du droit de l'enfant naturel, il faut le compter momentanément comme un enfant légitime ; on calcule ce qu'il aurait eu en cette qualité et on lui en attribue moitié. C'était le mode de calcul généralement admis antérieurement à la loi du 25 mars 1896, et aucune modification n'a été apportée sur ce point (Defrénois, *Traité Form.*, 7e édit., 2794, et *Traité des liquid.*, 198 ; Demolombe, XIV, 67 ; Laurent, IX, 115 ; Aubry et Rau, § 605-9 ; Huc, V, 96 ; Baudry-Lacantinerie, *Succ.*, 644 ; Cass., 26 juin 1809 ; 28 juin 1831. Contra : Gros, *Enf. natur.*, 18 ; Blondeau, *Sépar. des patrim.*, p. 528, note 2).

63 — La Chambre des députés avait inséré une disposition pour régler d'une autre façon le calcul des droits héréditaires des enfants naturels ; il fallait supposer le nombre des enfants légitimes double de ce qu'il était réellement, y ajouter celui des enfants naturels et faire autant de parts égales qu'il était censé y avoir d'enfants. Chaque enfant naturel prenait une part, chaque enfant légitime en prenait deux. Mais on arrivait ainsi à un résultat qui ne concordait pas avec le texte de la loi, et l'enfant naturel aurait eu un tiers au lieu de moitié. Ainsi, en supposant une succession échue à un enfant légitime et à un enfant naturel, il aurait fallu doubler le nombre des enfants légitimes, 2 ; y ajouter le nombre des enfants naturels : 2 + 1 = 3 ; donner deux parts à l'enfant légitime : 2/3 de la succession, et une à l'enfant naturel : 1/3, au lieu de 1/4. En présence de ce résultat, le mode de calcul adopté par la Chambre des députés devait être rejeté.

64 — IV. **Application du calcul.** En faisant l'application du calcul admis par la jurisprudence, on arrive aux résultats suivants : la succession est dévolue à un enfant légitime et un enfant naturel, total deux ; l'enfant naturel a droit à moitié de la moitié, soit un quart.

et l'enfant légitime à trois quarts; — deux enfants légitimes et deux enfants naturels, total quatre : chaque enfant naturel a droit à moitié du quart, soit un huitième; — deux enfants légitimes et quatre enfants naturels, total six : chaque enfant naturel a droit à moitié du sixième, soit un douzième.

65 — V. **Enfants adoptifs ou légitimés.** Les enfants adoptifs ou légitimés, ayant les mêmes droits que les enfants légitimes, doivent être considérés comme légitimes pour le calcul des droits héréditaires de l'enfant naturel (Defrénois, *Traité des liquid.*, 197; Aubry et Rau, § 605-4; Laurent, XIX, 113; Baudry-Lacantinerie, *Succ.*, 642).

66 — VI. **Petits-enfants.** Lorsque l'enfant naturel se trouve en concours avec des petits-enfants, ceux-ci ne doivent être comptés que pour l'enfant légitime qu'ils représentent. Supposons une succession échue à un enfant naturel, à deux enfants légitimes et à deux petits-enfants venant par représentation d'un enfant légitime prédécédé; l'enfant naturel aura les mêmes droits que s'il se trouvait en concours avec trois enfants légitimes, soit un huitième (Demolombe, XIV, 64; Aubry et Rau, § 605-7; Laurent, IX, 114; Baudry-Lacantinerie, *Succ.*, 640). La même solution devrait être admise alors que tous les enfants seraient décédés et que l'enfant naturel serait en concours uniquement avec des petits-enfants venant de leur chef.

67 — VII. **Renonciation ou indignité; enfants légitimes.** En cas de renonciation ou indignité de tous les enfants légitimes, lorsque ceux-ci laissent des descendants, l'enfant naturel n'a droit qu'à moitié de la succession. S'il eût été légitime, il aurait eu droit à la totalité de la succession; car il aurait exclu les petits-enfants qui ne pouvaient venir par représentation, mais seulement de leur chef (C. civ., 744). En sa qualité d'enfant naturel, ses droits se trouvent limités à moitié de la totalité, par application du nouvel article 758 : c'est l'opinion qui était admise antérieurement à la loi du 25 mars 1896 et on n'attribuait à l'enfant naturel, dans un cas semblable, que le tiers de la totalité de la succession, en vertu de l'article 757 (Defrénois, *Traité-Form.*, 7e édit., 2795, et *Traité des liquid.*, 201; Demolombe, XIV, 66; Aubry et Rau, § 605-8; Baudry-Lacantinerie, *Succ.*, 641).

68 — Si les enfants légitimes ne laissent pas de descendants, l'enfant naturel a droit à la quotité fixée d'après le degré de parenté des héritiers avec lesquels il se trouve en concours; puisque, en raison de la renonciation ou de l'indignité des enfants légitimes, ceux-ci sont considérés comme inexistants (C. civ., 744), par conséquent il revient à l'enfant naturel soit les trois quarts s'il est en présence d'ascendants ou de frères et sœurs ou descendants d'eux, soit, à défaut, la totalité, *infra* n° 93 (voir Defrénois, *Traité-Form.*, 7e édit., 2796, et *Traité des liquid.*, 202).

69 — Dans le cas où quelques-uns seulement des enfants légitimes renoncent ou sont déclarés indignes, ceux-ci ne doivent pas être comptés pour la fixation de la part de l'enfant naturel. Supposons une succession échue à quatre enfants légitimes et un enfant naturel; deux des enfants légitimes renoncent ou sont déclarés indignes; la succession se partage entre les deux autres enfants légitimes et l'enfant naturel : ce dernier a droit à un sixième (Defrénois, *Traité-Form.*, 7e édit., 2797, et *Traité des liquid.*, 209; Aubry et Rau, § 605-6; Demolombe, XIV, 65).

70 — VIII. **Renonciation; indignité; enfants naturels.** Lorsque l'un des enfants naturels renonce ou est déclaré indigne, sa part n'accroît pas aux autres enfants naturels; la succession doit être partagée comme si celui-ci n'avait jamais existé (Arg. C. civ., 744; Baudry-Lacantinerie, *Succ.*, 646 *bis*).

71 — IX. **Reconnaissance durant le mariage.** L'enfant naturel qui a été reconnu durant le mariage est exclu de la succession, alors qu'il est né d'une personne autre que le conjoint de son auteur, *supra* n° 55; dans ce cas, il n'a droit qu'à des aliments (Defrénois, *Traité-Form.*, 7e édit., 1873; Aubry et Rau, § 568 *quater*, II; Toulouse, 24 déc. 1885; Cass., 13 juillet 1886; Rép. Defrénois, 3090, 3192).

72 — X. **Droits d'enfants légitimes.** Bien que les droits dévolus par la loi aux enfants naturels soient inférieurs à ceux des enfants légitimes, aucune disposition n'interdit à ces derniers de convenir que l'enfant naturel aura les mêmes droits qu'eux et de lui attribuer dans la succession de ses père ou mère, après leur décès, une part identique à la leur (Douai, 13 mai 1886; Rép. Defrénois, 3798); d'ailleurs, ainsi que nous le verrons, *infra* n° 105, l'article 908, qui permettait au père ou à la mère de l'enfant naturel de réduire ses droits, a été abrogé et, en vertu du nouvel article 908, il peut lui être donné par testament une part égale à celle des enfants légitimes.

73 — XI. **Conjoint survivant.** En présence d'enfants légitimes et d'enfants naturels, les droits d'usufruit attribués au conjoint survivant par l'art. 767 sont fixés d'après le nombre des enfants légitimes; cet usufruit est d'un quart s'il n'y a que des enfants issus du mariage, et d'une part d'enfant légitime le moins prenant, s'il existe des enfants d'un précédent mariage. Les enfants naturels doivent supporter, proportionnellement à la part qu'ils recueillent, l'usufruit du conjoint.

§ 2. Concours de l'enfant naturel avec des ascendants, des frères et sœurs ou descendants d'eux.

74 — 759. Le droit est des trois quarts, lorsque les père ou

mère ne laissent pas de descendants, mais bien des ascendants ou des frères ou sœurs ou des descendants légitimes de frères ou sœurs.

75 — XII. **Quotité.** Lorsque, à défaut de descendants, l'enfant naturel se trouve en concours avec des ascendants ou des frères et sœurs ou descendants d'eux, leur droit héréditaire est des trois quarts; il était autrefois de moitié (C. civ., 757), et même la jurisprudence décidait qu'il était de trois quarts en présence de descendants de frères et sœurs (Voir notamment Seine, 14 juin 1881, 11 mars 1885, 6 décembre 1887; Cass., 2 mai 1888; Rép. Defrénois, 408, 2815, 3263, 4043, 4295).

76 — D'après le projet adopté par la Chambre des députés, les droits des ascendants étaient limités à l'usufruit de moitié de la succession et les frères et sœurs étaient exclus. Mais la commission du Sénat a considéré que cette réforme était excessive. A l'égard des ascendants, c'était presque assimiler l'enfant naturel à l'enfant légitime, que de le priver seulement de la jouissance de la moitié de la succession pendant un temps souvent très court, et l'ascendant avait le droit de réclamer, pour le faire rentrer dans la famille légale, la toute propriété d'une partie des biens que la famille irrégulière doit presque toujours à ses sacrifices et à ses largesses. Nous verrons d'ailleurs qu'en réalité les droits de l'ascendant seront dans la plupart des cas très restreints.

77 — La commission du Sénat n'a pas cru devoir exclure les frères et sœurs, auxquels la doctrine a donné le nom de privilégiés. Nés directement de parents communs, élevés ensemble dans une profonde intimité, ils font, comme les ascendants, partie intégrante de la famille; comme eux ils feront rentrer une portion des biens qui avaient été détachés du patrimoine dans un but familial et ont été détournés de ce but par une paternité illégitime. On ne saurait d'ailleurs comprendre que les frères et sœurs qui, dans les successions, sont préférés aux aïeuls et aux aïeules, soient dans une moins bonne situation qu'eux vis-à-vis des enfants naturels. (Rapport au Sénat.)

78 — Lors de la discussion devant le Sénat, M. Demole reprit par voie d'amendement le texte adopté par la Chambre des députés; mais malgré l'intervention de M. Trarieux, ministre de la justice, le Sénat adopta les modifications proposées par la commission.

79 — XIII. **Division de la succession.** Dans le cas de concours des enfants naturels avec des ascendants, des frères et sœurs ou descendants d'eux, la succession se divise en deux parts: l'une, qui est d'un quart, revient à la succession légitime, et lui est dévolue quels que

soient le nombre et la qualité des héritiers, d'après les règles du droit commun (Demolombe, XIV, 73; Aubry et Rau, § 605-16; Baudry-Lacantinerie, *Succ.*, 648); l'autre, qui est de trois quarts, revient aux enfants naturels qui la partagent entre eux par têtes lorsqu'ils sont plusieurs (Demolombe, XIV, 71; Aubry et Rau, § 605, p. 328).

80 — XIV. **Renonciation; indignité.** Lorsque tous les ascendants, frères ou sœurs ou descendants d'eux, renoncent ou sont déclarés indignes, l'enfant naturel a droit à la totalité de la succession en vertu du nouvel article 760, *infra* n° 93, les héritiers renonçants ou indignes étant réputés inexistants. Mais, si quelques-uns d'entre eux renoncent, leur part accroît à leurs cohéritiers; de même lorsqu'il y a plusieurs enfants naturels, et que l'un d'entre eux renonce ou est déclaré indigne, ce sont les autres enfants naturels qui en profitent (Huc, V, 98; Baudry-Lacantinerie, *Succ.*, 1, 649).

81 — XV. **Père et mère; frères et sœurs.** Si le défunt a laissé, outre un enfant naturel, ses père et mère et des frères et sœurs ou descendants d'eux, le quart de sa succession, revenant à sa succession légitime, se trouve dévolu pour moitié à ses père et mère, soit ensemble 1/8 ou séparément chacun 1/16, et pour l'autre moitié, soit 1/8, aux frères et sœurs (C. civ., 748, 751). S'il n'y a qu'un seul ascendant, il a droit au quart de ce quart, soit 1/16 et les frères et sœurs au trois quarts de ce quart, soit 3/16 (Code civil, 751).

82 — XVI. **Frères et sœurs.** Lorsque, par suite du prédécès des père et mère, l'enfant naturel n'est en concours qu'avec des frères et sœurs, ceux-ci ont droit à la totalité du quart dévolu à la succession légitime et se le partagent entre eux par tête.

83 — XVII. **Représentation.** Si l'un ou plusieurs des frères et sœurs sont prédécédés laissant des descendants, ceux-ci les représentent et viennent à leur place comme exerçant leurs droits; il ne peut plus y avoir aucun doute en présence du nouvel article 759 qui désigne les descendants de frères et sœurs : c'était d'ailleurs ce qui était admis antérieurement (Demolombe, XIV, 74; Béthune, 22 mai 1885; Rép. Defrénois, 2544).

84 — XVIII. **Neveux et nièces.** Les neveux et nièces, venant de leur chef, ont droit également au quart dévolu à la succession légitime; ils sont assimilés par le nouvel article 759 aux frères et sœurs. Cette disposition a été vivement critiquée au Sénat; on a fait remarquer qu'elle était contraire à la jurisprudence (voir Defrénois, *Traité des liquidations*, 207, et *Traité-Form.*, 7e édit., n° 2804). Mais le rapporteur a répondu qu'il aurait été injuste d'exclure de la succession les enfants des frères et sœurs, alors qu'il était admis qu'ils pouvaient y venir par représentation; c'était d'ailleurs appliquer le droit commun en matière de succession.

85 — XIX. **Ascendants.** Le quart attribué à la succession légitime est entièrement dévolu aux ascendants, lorsque le défunt ne laisse ni postérité, ni frères et sœurs ou descendants d'eux; dans ce cas, il revient pour moitié aux ascendants de la ligne paternelle, et pour moitié aux ascendants de la ligne maternelle, soit pour chaque ligne 1/8 ou 4/32 (C. civ., 733, 746). L'ascendant qui se trouve au degré le plus proche recueille la moitié afférente à sa ligne, à l'exclusion de tous autres (C. civ., 746).

86 — XX. **Ascendants et collatéraux.** Lorsque le défunt a laissé dans une ligne des ascendants et dans l'autre ligne des collatéraux autres que frères et sœurs, le quart revenant à la succession légitime se trouve dévolu pour moitié ou 1/8 aux ascendants et pour l'autre moitié ou 1/8 aux collatéraux. Mais comme ces derniers sont exclus de la succession en vertu du nouvel article 760, *infra* n° 93, leur part accroit-elle à l'enfant naturel ou à l'ascendant?

87 — L'ancien article 757 avait donné lieu à une difficulté analogue, et une controverse existait sur ce point. Suivant une première opinion, on devait s'en tenir au texte de l'article 757, et du moment qu'il y avait des ascendants, les droits de l'enfant naturel étaient de moitié, même à l'égard des collatéraux; de cette façon, ceux-ci avaient une quotité plus forte s'ils concouraient avec des ascendants que s'ils étaient seuls (Demolombe, XIV, 76 et XIX, 158; Aubry et Rau, § 605-12; Laurent, IX, 124; Huc, V, 99; Baudry-Lacantinerie, *Succ.*, I, 653; Bordeaux, 5 mai 1856; Amiens, 5 déc. 1889). Suivant une autre opinion, l'enfant naturel avait droit à moitié dans la ligne des ascendants et à trois quarts dans la ligne où il n'y avait que des collatéraux; on appliquait à chacune des lignes la disposition de l'article 757 qui la concernait (Marcadé, 757-4; Demante, III, 79 *bis*-9; Amiens, 23 mars 1854; trib. Pontoise, 14 mars 1884; Rép. Defrénois, 2493).

88 — En présence du nouvel article 760, qui exclut de la succession les collatéraux autres que les frères et sœurs ou descendants d'eux, les collatéraux ne peuvent réclamer les droits afférents à leur ligne; car il est inadmissible qu'ils aient des droits s'ils sont en concours avec des ascendants, alors qu'ils n'en auraient pas s'ils venaient seuls. L'intention du législateur a été de les exclure dans tous les cas de la succession en présence d'un enfant naturel.

89 — L'enfant naturel ne profite pas de cette exclusion; c'est l'ascendant qui a droit à la totalité du quart dévolu à la succession légitime. Les termes de l'article 759 sont formels. La présence d'un seul ascendant suffit pour empêcher l'enfant naturel de recueillir la totalité de la succession, et la part attribuée par la loi à la succession légitime ne peut revenir à l'enfant naturel, alors qu'il se trouve en concours avec les héritiers désignés par l'article 759.

90 — XXI. **Absence d'héritiers dans une ligne.** La même solution doit être admise quand la succession est dévolue à un ascendant dans une ligne et qu'il n'existe aucun héritier dans l'autre ligne: l'ascendant a droit à la totalité du quart dévolu par la loi à la succession légitime.

91 — XXII. **Conjoint survivant.** En présence d'ascendants ou de collatéraux, les droits en usufruit du conjoint survivant sur la succession de l'époux prédécédé sont de moitié (C. civ., 767, § 5). Cet usufruit doit être supporté par les héritiers légitimes et les enfants naturels à proportion de leurs droits, sans toutefois à l'égard de ces derniers qu'il puisse porter atteinte à la réserve fixée par l'article 913, *infra* n° 156.

§ 3. Concours de l'enfant naturel avec des collatéraux autres que des frères et sœurs.

92 — Art. 760. L'enfant naturel a droit à la totalité des biens lorsque ses père ou mère ne laissent ni descendants, ni ascendants, ni frères ou sœurs, ni descendants légitimes de frères ou sœurs.

93 — XXIII. **Quotité.** L'enfant naturel qui est en concours avec des collatéraux autres que des frères et sœurs ou des descendants d'eux a droit à la totalité de la succession. Cette exclusion des collatéraux ordinaires est la modification la plus importante résultant de la loi du 25 mars 1896; car l'ancien article 757 n'accordait dans ce cas à l'enfant naturel que les trois quarts de la succession, et ce n'était qu'à défaut d'héritiers légitimes qu'il avait droit à la totalité de la succession.

94 — Cette modification est justifiée; il est, en effet, inadmissible que des héritiers à un degré très éloigné soient préférés à l'enfant naturel. Il est contraire à la nature et à la présomption d'affection et de volonté de détourner quelque chose du patrimoine de l'enfant du sang au profit d'héritiers jusqu'au 12e degré, souvent inconnus et ignorant eux-mêmes leur généalogie.

95 — XXIV. **Renonciation; indignité.** Si les héritiers légitimes ayant des droits dans la succession en vertu des articles 758 et 759 renoncent ou sont déclarés indignes, la totalité de la succession revient à l'enfant naturel, puisqu'il ne se trouve plus qu'en présence de collatéraux ordinaires (voir Marcadé, 758; Demolombe, XIV, 75, 81; Baudry-Lacantinerie, *Succ.*, 656).

96 — XXV. **Conjoint survivant.** Le conjoint survivant qui est en

concours avec un enfant naturel, soit en raison de ce qu'il exclut des collatéraux, soit en l'absence d'héritiers légitimes, a droit à l'usufruit de moitié de la succession, en vertu de l'article 767, § 5; c'est seulement en présence d'enfants légitimes que ses droits d'usufruit sont réduits au quart ou à une part d'enfant légitime le moins prenant, *supra* n° 73.

97 — XXVI. **Reconnaissance durant le mariage**. La reconnaissance d'un enfant naturel, effectuée durant le mariage, ne peut, aux termes de l'article 337, préjudicier aux droits du conjoint survivant. Cette disposition ne saurait recevoir son application alors que l'enfant naturel exclut des collatéraux; car, dans ce cas, il n'en résulte aucune atteinte aux droits du conjoint survivant, puisque, à défaut de l'enfant naturel, il eût été en concours avec des héritiers légitimes, et ses droits sont, dans l'un et l'autre cas, de moitié en usufruit.

98 — Mais s'il n'existait aucun parent légitime, la succession, à défaut d'enfant naturel, aurait été dévolue au conjoint; la reconnaissance de l'enfant naturel ne peut nuire aux droits qui résultent de la loi, et il y a lieu de faire l'application de l'article 337. En conséquence, le conjoint survivant recueille la totalité de la succession, à l'exclusion de l'enfant naturel (Demolombe, V, 475; Aubry et Rau, § 568 *quater*-7; Baudry-Lacantinerie, *Succ.*, I, 659).

§ 4. Droit des enfants et descendants de l'enfant naturel.

99 — Art. 761. En cas de prédécès des enfants naturels, leurs enfants et descendants peuvent réclamer les droits fixés par les articles précédents.

100 — XXVII. **Nature des droits**. L'article 761, qui règle les droits des enfants et descendants de l'enfant naturel, n'est que la reproduction de l'ancien article 759; en présence de la modification apportée à la nature des droits de l'enfant naturel, il eût été préférable de modifier cet article, car les descendants de l'enfant naturel n'ont pas seulement à réclamer les droits de leur auteur; ils sont de véritables héritiers et viennent à la succession soit par représentation, soit de leur chef.

101 — XXVIII. **Représentation**. Lorsque le défunt a plusieurs enfants naturels et que l'un d'eux est prédécédé laissant des enfants légitimes, ceux-ci viennent à la succession par représentation de leur auteur et exercent les mêmes droits que lui.

102 — XXIX. **De leur chef**. Si tous les enfants naturels sont décédés, leurs enfants viennent de leur chef à la succession du père ou de la mère naturels; ils ont comme leurs auteurs la qualité d'héritiers

et leur quotité est déterminée en faisant l'application des mêmes règles.

103 — XXX. **Renonciation ; indignité.** Quand tous les enfants renoncent ou sont déclarés indignes, ce sont également leurs enfants et descendants qui viennent à la succession de leur chef.

104 — XXXI. **Descendants légitimes.** L'article 761 ne concerne que les enfants et descendants légitimes de l'enfant naturel prédécédé ; ses enfants naturels n'ont aucun droit dans la succession de son père ou de sa mère ; nous avons d'ailleurs vu, *supra* n° 57, qu'ils n'ont aucun lien de parenté avec eux (Marcadé, 759-4 ; Demolombe, XIV, 18 ; Demante, III, 78 *bis* ; Aubry et Rau, § 605-17 ; Huc, V, 101 ; Baudry-Lacantinerie, *Succ.*, I, 663 ; Defrénois, *Traité des liquid.*, 217).

§ 5. Réduction des droits de l'enfant naturel.

105 — XXXII. **Abrogation.** Aux termes de l'ancien article 761 du Code civil, l'enfant naturel ne pouvait réclamer aucun droit dans la succession de ses père ou mère, alors qu'il avait reçu de leur vivant la moitié de ce qui lui était attribué par la loi, avec déclaration que l'intention était de le réduire à la portion qui lui était assignée. Cette disposition a été expressément abrogée par l'article 1er *in fine*.

106 — XXXIII. **Motifs.** Le législateur, en permettant au père ou à la mère de fixer de leur vivant les droits de leurs enfants naturels, n'avait eu d'autre objet que la tranquillité et le repos de la famille légitime. « Le but du législateur, dit M. Demolombe, XIV, 105, a été de donner aux père et mère la faculté d'écarter l'enfant naturel de toute participation au partage de leur succession, soit afin de garantir ainsi la famille légitime de la présence toujours fâcheuse d'un tel successeur et des difficultés et des conflits qui pourraient en naître, soit afin de retenir dans le devoir, par la crainte de cette réduction, l'enfant naturel lui-même. »

107 — Il est indiscutable que cette disposition pouvait, dans certains cas, offrir quelques avantages ; mais il était difficile de la laisser subsister, alors qu'on donnait aux enfants naturels la qualité d'héritiers.

108 — M. Dauphin, dans son rapport au Sénat, a donné d'autres motifs : « Il suffit de se reporter, dit-il, aux paroles prononcées par un des auteurs du Code civil pour reconnaître et réprouver le but que l'on s'est proposé en admettant l'article 761. « Une pareille donation, dit M. Siméon, est utile pour l'enfant naturel qu'elle fait jouir plus tôt et pour la famille qu'elle débarrasse d'un créancier odieux. » Ces deux idées ne sont pas morales : la première est l'autorisation d'abuser de la misère et des passions de l'enfant pour lui enlever une partie de son patrimoine ; la seconde est la négation injurieuse des droits des en-

fants naturels qui se présentent avec leur filiation et que la famille ne peut ni haïr ni exclure des partages réguliers. Il faut d'ailleurs remarquer que l'article 761 ne débarrasse pas, suivant l'expression employée, les parents légitimes, puisqu'il autorise les enfants naturels à intervenir dans le règlement des successions, lorsqu'ils prétendent que la portion assignée est inférieure à la moitié de leurs droits. »

CHAPITRE IV

SUCCESSION DE L'ENFANT NATUREL

SOMMAIRE

109 — **Art. 765.** La succession de l'enfant naturel décédé sans postérité est dévolue au père ou à la mère qui l'a reconnu, ou, par moitié, à tous les deux, s'il a été reconnu par les deux.

110 — **Art. 766.** En cas de prédécès des père et mère de l'enfant naturel, décédé sans postérité, les biens qu'il en avait reçus passent aux frères et sœurs légitimes, s'ils se retrouvent en nature dans la succession; les actions en reprises, s'il en existe, ou le prix des biens aliénés, s'il est encore dû, retournent également aux frères et sœurs légitimes. Tous les autres biens passent aux frères et sœurs naturels ou à leurs descendants.

111 — I. **Dispositions non modifiées.** Les dispositions des articles 765 et 766 n'ont pas été modifiées par la loi du 25 mars 1896; elle se borne à les reproduire uniquement en vue de leur classification. L'article 765 est porté dans la section VI, créée par cette loi et intitulée : « Des successions déférées aux enfants naturels légalement reconnus et des droits de leurs père et mère dans leur succession. » On peut critiquer la place de cet article, car il se trouve dans une section dépendant du chapitre III, où sont traités les droits des héritiers légitimes, alors que, comme nous le verrons, *infra* n° 114, les père et mère naturels continuent à être des successeurs irréguliers. Quant à l'article 766, il forme à lui seul la section Ire du chapitre IV du titre Ier

du livre III; elle est intitulée : « Des droits des frères et sœurs sur les biens des enfants naturels. »

112 — II. **Modifications proposées**. La Chambre des députés avait apporté deux modifications à cet article : la première consistait à appeler à la succession de l'enfant naturel, décédé sans postérité et sans père ni mère, le conjoint avant les frères et sœurs; la seconde, à faire au même cas participer également les frères et sœurs légitimes et naturels au partage de tous les biens dépendant de la succession de l'enfant naturel.

113 — La commission du Sénat n'a pas admis ces modifications; elle a considéré que la réforme à laquelle il était procédé devait avoir pour but d'améliorer la situation des enfants naturels, et qu'il n'était pas opportun d'y rattacher des innovations qui ont seulement avec elle un rapport indirect. Ces modifications ne lui ont pas paru d'ailleurs justifiées, car le rang du conjoint dans l'ordre des successions avait été récemment réglé; la loi du 9 mars 1891 lui avait donné un droit d'usufruit, et la tentative qui avait été alors faite pour le faire préférer aux collatéraux dans la dévolution des biens avait dû être abandonnée. On ne voyait pas une raison sérieuse de faire une exception à la règle générale contre les frères et sœurs de l'enfant naturel. Quant au partage des biens, de quelque origine qu'ils fussent, entre les frères et sœurs naturels et les enfants légitimes de leurs père ou mère, il n'y avait pas d'intérêt pour les frères et sœurs naturels à abandonner sans réciprocité, presque toujours sans compensation, une partie du patrimoine qui leur appartenait aujourd'hui exclusivement. (Rapport au Sénat.)

114 — III. **Successeurs irréguliers.** Il est généralement admis que les père ou mère naturels, ainsi que les frères et sœurs naturels, ne sont point des héritiers, mais des successeurs irréguliers; par conséquent, ils n'ont pas la saisine et doivent se faire envoyer en possession de la succession (Aubry et Rau, § 640-1; Laurent, IX, 261; Demolombe, XIV, 166; Baudry-Lacantinerie, *Succ.*, I, 730, 745; Defrénois, *Traité-Form.*, 7e édit., 2850, et *Traité des liquid.*, 260; Seine, 19 déc. 1884, 4 mai 1885; Paris, 12 mars 1885; Rép. Defrénois, 1456, 2494, 2520, 2545). La loi du 25 mars 1896 n'a pas modifié leur droit successoral; car, ainsi que nous l'avons vu, *supra* n° 21, elle n'a apporté aucune modification à la succession des enfants naturels. Le rapporteur du Sénat, M. Dauphin, s'est exprimé sur ce point d'une manière claire et précise, et il n'est pas douteux que le législateur ait eu cette intention. Toutefois, le texte de certains articles semblerait avoir étendu à tous les parents naturels la qualité d'héritiers. Nous avons critiqué, *supra* n° 18, les expressions « héritiers naturels » dont s'est servi le législateur dans les articles 723 et 724; on peut également

faire remarquer que l'article 765, concernant les droits des père et mère naturels dans la succession de leur enfant, se trouve dans la section IV du chapitre III, qui est consacré aux successions légitimes. Ce sont là, évidemment, des défectuosités dans la rédaction de la loi; mais il ne faudrait pas en conclure que les père et mère naturels, et même les frères et sœurs naturels, sont des héritiers au même titre que les enfants naturels. Cette interprétation serait manifestement en contradiction avec la volonté du législateur.

115 — IV. **Droit de retour**. En vertu de l'article 766, les frères et sœurs légitimes ont, dans la succession de l'enfant naturel, un droit de retour sur les biens que celui-ci a recueillis dans la succession de ses père et mère. Ce droit de retour pouvait se justifier alors que les enfants naturels n'étaient que de simples successeurs aux biens; mais cette disposit'on aurait dû être abrogée du moment qu'on leur conférait la qualité d'héritiers; le droit commun aurait dû leur être appliqué comme à tous les autres héritiers. La Chambre des députés avait modifié en ce sens l'article 766; mais le Sénat a repoussé cette modification (voir *supra* n° 112).

CHAPITRE V

DE LA CAPACITÉ DE RECEVOIR

SOMMAIRE

116 — **Art. 908.** Les enfants naturels légalement reconnus ne pourront rien recevoir par donation entre vifs au delà de ce qui leur est accordé au titre des successions. Cette incapacité ne pourra être invoquée que par les descendants du donateur, par ses ascendants, par ses frères et sœurs et les descendants légitimes de ses frères et sœurs.

117 — Le père ou la mère qui les ont reconnus pourront leur léguer tout ou partie de la quotité disponible, sans toutefois qu'en aucun cas, lorsqu'ils se trouvent en concours avec des descendants légitimes, un enfant naturel puisse recevoir plus qu'une part d'enfant légitime le moins prenant.

118 — **Les enfants adultérins ou incestueux ne pourront rien recevoir par donation entre vifs ou par testament au delà de ce qui leur est accordé par les articles 762, 763 et 764.**

119 — I. **Ancien texte**. Aux termes de l'ancien article 908, les enfants naturels ne pouvaient rien recevoir au delà de ce qui leur était accordé au titre des successions. Cette incapacité avait été de tout temps vivement contestée : on considérait avec juste raison qu'elle était un obstacle à la reconnaissance des enfants naturels; car le père pouvait disposer au profit de son enfant naturel non reconnu de la totalité de ses biens, sauf la réserve, tandis que s'il l'avait reconnu, il était obligé de limiter ses libéralités au montant de ses droits héréditaires : il y avait là une atteinte à la liberté et à l'autorité paternelle.

120 — II. **Modification**. Le législateur n'a pas cru cependant devoir autoriser toutes sortes de libéralités; il a fait une distinction entre les libéralités entre vifs et celles testamentaires; il a maintenu l'incapacité des enfants naturels, en ce qui concerne les donations entre vifs, *infra* n° 125, mais il a permis les dispositions par testament, en les limitant dans les cas seulement où il y a des descendants légitimes ou des ascendants, *infra* n° 134.

121 — III. **Reconnaissance**. Les dispositions de l'article 908 ne sont applicables qu'aux enfants naturels reconnus; toutefois, même à l'égard des enfants naturels non reconnus, la libéralité testamentaire doit être réduite aux quotités fixées par les articles 908 et 915, s'il résulte du testament qu'elle a sa cause déterminante dans la qualité d'enfant naturel attribuée au légataire (Cass., 7 décembre 1840; Paris, 11 août 1866; Caen, 11 déc. 1876; Aubry et Rau, 568 *ter*-4. Contra : Demolombe, V, 429; Laurent, XI, 366; Huc, VI, 97; Baudry-Lacantinerie, *Donations*, 458). Mais la reconnaissance judiciaire, *supra* n° 52, ne peut être demandée par les héritiers du disposant, dans le but de faire réduire les libéralités (Demolombe, V, 527; Defrénois, *Traité-Form.*, 7e édit., 4455; Cass., 4 fév. 1851, 21 juillet 1878; Caen, 1er mars 1860; Seine, 11 juin 1875).

122 — IV. **Ibid.; cours du mariage**. La reconnaissance d'un enfant naturel faite par l'un des époux pendant le cours du mariage ne devant pas nuire au conjoint ni aux héritiers légitimes, *supra* n° 55, la question a été portée devant le Sénat de savoir s'il pouvait néanmoins recevoir, par donation ou par testament, dans les limites fixées par l'article 908. Il résulte de la discussion que l'enfant naturel est incapable, dans ce cas, de recevoir aucune libéralité, en présence des prescriptions de l'article 337. C'est d'ailleurs ce qui avait été admis sous l'empire de l'ancien article 908 (Demolombe, V, 457; Demante, II, 65 *bis*-3; Defrénois, *Traité-Form.*, 7e éd., 4454; Poitiers, 5 mai 1858;

Auxerre, 9 mai 1895; Rép. Defrénois, 8786); il a même été décidé que l'enfant naturel reconnu durant le mariage n'a droit qu'à des aliments, *supra* n° 71.

123 — V. **Enfants adultérins et incestueux.** L'expression « enfants naturels », dont s'était servi le législateur dans l'ancien article 908, avait un sens générique et elle s'appliquait à tous les enfants illégitimes, par conséquent aux enfants adultérins et incestueux ; il en résultait que ceux-ci ne pouvaient recevoir que des libéralités à titre alimentaire, puisqu'ils n'avaient le droit que de réclamer des aliments.

124 — Afin qu'il ne pût y avoir aucun doute à ce sujet, et en raison de la modification apportée au texte de l'article 908, le législateur a cru devoir indiquer, en termes formels, que les enfants adultérins et incestueux ne peuvent rien recevoir, par donation entre vifs ou par testament, au delà de ce qui leur est accordé par les articles 762, 763 et 764. Mais il est très rare que la paternité adultérine ou incestueuse soit établie : si une libéralité est faite à un enfant que l'on prétend adultérin ou incestueux, la disposition est valable du moment qu'il ne ressort pas du testament lui-même que cette qualité a été la cause déterminante du legs (Voir Cass., 6 déc. 1876, 29 juin 1887; Orléans, 16 juill. 1881; Aix, 5 janv. 1882; Seine, 4 août 1883, 7 fév. 1884, 11 août 1887, 10 déc. 1890, 29 juill. 1891; Paris, 25 mai 1886, 11 février 1893; Saint-Etienne, 16 janvier 1895; Rép. Defrénois, 426, 1288, 1632, 1896, 3463, 3715, 3857, 6302, 7097, 8728).

§ 1. Donation entre vifs.

125 — VI. **Incapacité.** Les donations entre vifs faites par le père ou la mère à leur enfant naturel ne doivent pas excéder ses droits héréditaires tels qu'ils sont fixés par les articles 758, 759 et 760. C'est là une véritable incapacité de recevoir, l'enfant naturel ne pouvant rien recevoir par donation au delà de ces droits.

126 — Pour justifier cette incapacité, on a fait remarquer qu'il était à craindre les influences passagères des commerces illégitimes, et qu'en raison de l'irrévocabilité des donations entre vifs, il était nécessaire de les défendre. « Dans les libéralités à l'égard des enfants naturels reconnus, il est toujours permis de soupçonner quelque surprise, quelque effet d'une passion passagère, certaines influences, et il me semble qu'il faut être ici plus réservé qu'en matière ordinaire. La donation est irrévocable une fois qu'elle a été passée devant un notaire avec certaines solennités, je le reconnais, mais qui se réduisent après tout à l'opposition improbable d'un notaire; il n'est plus permis d'y revenir, et, quel que soit l'avenir, quelle que soit la conduite de cet enfant, qu'on a d'abord jugé digne ou supposé devoir le devenir;

quelle que soit l'affection supérieure qui, bien naturellement, grandit avec les années pour les enfants légitimes un instant sacrifiés, quelles que soient même les révélations qui peuvent, dans le cours de la vie, donner quelques doutes sur une paternité que ne couvre pas la fiction légale, la donation enchaîne, et tous regrets, toutes réflexions sont superflues. Nous pensons, nous, qu'il faut que jusqu'à la fin de sa vie le père ait le droit de réfléchir, d'apprécier le mérite et les titres de chacun et de maintenir ou de modifier ses dispositions. » (Discours de M. Dauphin, rapporteur au Sénat.)

127 — VII. **Etendue**. Cette incapacité s'étend à toutes les donations entre vifs, sous quelque forme qu'elles soient faites : elle comprend les dons manuels, les donations déguisées, les donations à titre de partage anticipé ainsi que les donations par contrat de mariage, même par voie d'institution contractuelle. Un amendement avait été déposé à l'effet d'excepter les donations par contrat de mariage, mais il a été repoussé.

128 — VIII. **Application**. Les dispositions entre vifs en faveur de l'enfant naturel ne peuvent excéder sa part dans la succession de ses père ou mère : pour savoir si la libéralité est excessive, il faut uniquement se placer au jour du décès du donateur, *infra* n° 131. Ainsi, s'il laisse deux enfants légitimes et un enfant naturel, il n'aura pas pu disposer par acte entre vifs au profit de son enfant naturel que jusqu'à concurrence du sixième, bien qu'il puisse disposer en outre de 2/24 formant la quotité disponible sur la portion héréditaire des enfants légitimes ; s'il a son père, des frères et sœurs et un enfant naturel, il ne pourra lui donner que les 3/4 de la succession, quoiqu'il puisse disposer de la part revenant aux frères et sœurs, soit 4/32, la part revenant au père constituant une réserve, *infra* n° 174 ; s'il a seulement des frères et sœurs et un enfant naturel, il ne pourra également donner à celui-ci que les 3/4 de la succession ; mais il pourra disposer du quart dévolu aux frères et sœurs ; enfin, à défaut de descendants, d'ascendants, de frères et sœurs ou descendants d'eux, la donation en faveur de l'enfant naturel n'aura plus de limites, puisque la totalité de la succession lui est dévolue, *supra* n° 93.

129 — IX. **Descendants**. Les descendants légitimes de l'enfant naturel sont atteints par cette prohibition alors que la donation est faite du vivant de leur auteur, car, dans ce cas, ils sont considérés comme personnes interposées (C. civ., art. 911), et la donation est réputée faite à l'enfant naturel. Mais si celui-ci est décédé à l'époque où la donation est faite, l'incapacité de recevoir qui, étant de droit étroit, est spéciale à l'enfant naturel n'est pas applicable à ses descendants, et il peut leur être fait des donations au delà de la quotité fixée par l'article 908 (Aubry et Rau, § 649-55 ; Baudry-Lacantinerie, *Don.*, 466 ;

Defrénois, *Traité-Form.*, 7e édit., 4451, et *Traité des liquid.*, 222, 223; Dinan, 9 mai 1830; Cass., 13 avril 1840; Rouen, 10, 20 mars 1851; Montpellier, 28 janvier 1864; Gand, 26 déc. 1874; Alger, 31 mai 1876; Seine, 6 décembre 1887; Rép. Defrénois, 4077. CONTRA : Demolombe, XIV, 95; Laurent, IV, 52).

130 — X. **Parents**. Aucune incapacité n'existe entre l'enfant naturel et les parents de ses père et mère, puisque il n'y a aucun lien de parenté entre eux, *supra* n° 57. En conséquence, les père et mère du père ou de la mère naturels peuvent donner à l'enfant naturel toute la quotité disponible de leur succession (Aubry et Rau, § 649-53; Demolombe, XVIII, 562; Laurent, XI, 341; Defrénois, *Traité-Form.*, 7e édit., 4450; Baudry-Lacantinerie, *Don.*, 464; Rouen, 20 mars 1851).

131 — XI. **Réduction**. C'est seulement à l'époque du décès du père ou de la mère naturels que l'on peut savoir si la donation dépasse la limite fixée par l'article 908. A cet effet, on doit faire effectuer le rapport des biens compris dans la donation suivant leur état au jour de la donation et leur valeur à l'époque du décès. Si la donation excède la limite légale, il y a lieu à réduction, mais la donation n'est pas nulle : l'incapacité n'existe, en effet, que pour la part qui dépasse cette limite.

132 — XII. **Action**. L'action en réduction ne peut être intentée que par les descendants du donateur, par ses ascendants, par ses frères et sœurs et les descendants légitimes de ses frères et sœurs. Cette énumération, donnée par l'article 908, est limitative : ainsi les légataires, même universels, ni les donataires, ni les créanciers de la succession ne peuvent former une demande en réduction : c'est d'ailleurs la règle admise en matière de réduction par l'article 921. Toutefois, si les frères et sœurs ou descendants d'eux étaient exclus de la succession par un légataire universel, celui-ci serait en droit de demander la réduction des donations en raison de l'existence d'héritiers légitimes qui, à défaut de disposition universelle, seraient venus en concours avec l'enfant naturel (Defrénois, *Traité-Form.*, 7e édit., 4450; Lyon, 23 mars 1855; Cass., 7 fév. 1865; Paris, 6 août 1872; voir cependant Baudry-Lacantinerie, *Don.*, I, 470).

133 — XIII. **Ratification**. La donation qui excéderait la part de l'enfant naturel peut être ratifiée par les héritiers légitimes, mais seulement après l'ouverture de la succession : car il s'agit là d'un droit édicté dans l'intérêt de la famille, et il n'y a aucune prescription d'ordre public qui s'oppose à cette renonciation (Demolombe, XIV, 83; Baudry-Lacantinerie, *Don.*, I, 469; Defrénois, *Traité-Form.*, 7e édit., 4449, et *Traité des liquid.*, 225; Cass., 16 août 1841; Rennes, 26 juillet 1843; Toulouse, 7 fév. 1844).

§ 2. Testament.

134 — XIV. **Libéralité autorisée.** Le nouvel article 908 permet au père ou à la mère de disposer par testament, au profit de leur enfant naturel, de tout ou partie de la quotité disponible. Cette disposition ne peut dépasser certaines limites, lorsque l'enfant naturel est en présence de descendants légitimes ou d'ascendants; mais elle peut comprendre la totalité de la succession à défaut d'héritiers réservataires.

135 — Ce droit de disposition conféré au père et à la mère naturels a été vivement contesté : on a prétendu qu'il serait une cause de discorde dans la famille, en raison de l'hostilité toujours latente entre les deux filiations, et qu'au moment de son décès le testateur se verrait en butte aux intrigues de toutes sortes afin de l'amener à disposer au profit de l'une ou l'autre filiation.

136 — Le législateur ne s'est pas rendu à ces arguments : il a considéré que la liberté de tester devait être reconnue au père ou à la mère naturels, sauf à limiter l'étendue de ce droit en présence d'héritiers réservataires. Mais s'il a cru devoir autoriser les dispositions testamentaires, alors qu'il laissait subsister l'incapacité à l'égard des donations entre vifs, c'est que la situation ne lui paraissait pas la même dans les deux cas. La donation, comme nous l'avons déjà dit, est irrévocable; elle peut être le fruit d'un mouvement spontané, irréfléchi, et ne présente aucune des garanties nécessaires en cette matière. Le testament, au contraire, est un acte révocable; c'est la manifestation d'une volonté persévérante jusqu'à l'heure de la mort. Il semble donc qu'on pouvait sans aucun danger autoriser les dispositions testamentaires (Discours de M. Dauphin, rapporteur, au Sénat).

137 — XV. **Préciput et hors part.** Lorsque le legs au profit de l'enfant naturel est d'une somme ou d'un objet déterminé, il doit être fait par préciput et hors part; car, à défaut, l'enfant naturel, étant un héritier, serait tenu au rapport (C. civ., 919). Si le legs est de la quotité disponible, il est de plein droit dispensé du rapport.

138 — XVI. **Trois cas.** La quotité dont le père ou la mère naturels peuvent disposer au profit de leur enfant varie d'après le rang des héritiers avec lesquels il se trouve en concours. Nous allons examiner trois cas, suivant qu'il est en présence de descendants légitimes, d'ascendants, de frères et sœurs ou descendants d'eux.

1. *Descendants.*

139 — XVII. **Quotité.** Lorsque l'enfant naturel est en concours avec des descendants légitimes, les dispositions testamentaires en sa faveur

peuvent comprendre tout ou partie de la quotité disponible, sans qu'il puisse avoir plus d'une part d'enfant légitime le moins prenant. Cette part comprend à la fois ce qui lui revient à titre d'héritier et à titre de légataire; elle constitue un maximum que ne peuvent dépasser les libéralités par testament. Le législateur n'a pas voulu que l'enfant naturel puisse avoir des droits plus élevés qu'un enfant légitime et il se trouve, en réalité, placé dans une situation moins favorable que le légataire universel étranger. Mais il y avait là une question d'égalité et de dignité.

140 — XVIII. **Calcul.** Pour le calcul de la quotité disponible dont peut disposer le père ou la mère de l'enfant naturel, il faut se reporter aux règles indiquées *infra* n°s 156 et suiv. Nous donnons, dans le tableau rapporté *infra* n° 166, l'indication du montant de la quotité disponible, d'après le nombre des enfants naturels et des enfants légitimes.

141 — XIX. **Legs de la quotité disponible.** Lorsque le legs fait à l'enfant naturel comprend toute la quotité disponible, il excède dans tous les cas une part d'enfant légitime le moins prenant, et il y a lieu de le réduire à cette quotité. Par conséquent, si aucun avantage préciputaire n'a été fait aux enfants légitimes, l'enfant naturel a droit à une part virile de la succession, comme s'il était légitime.

142 — XX. **Legs d'une partie de la quotité disponible.** Lorsque le legs ne comprend qu'une partie de la quotité disponible, il doit être également réduit s'il dépasse une part d'enfant légitime le moins prenant.

143 — XXI. **Enfant légitime préciputaire.** Si un enfant légitime est donataire par préciput et hors part, et que tout ou partie de la quotité disponible ait été légué à l'enfant naturel, il faut tout d'abord imputer sur la quotité disponible la donation préciputaire, et l'enfant naturel a droit au surplus de tout ou partie de la quotité disponible, sauf réduction à une part d'enfant légitime non préciputaire.

144 — *Exemple.* Une succession est échue à A. et B., enfants légitimes, et C., enfant naturel, légataire de la quotité disponible. L'actif de succession est de 60,000 fr., y compris le rapport fictif de B., donataire par préciput de 10,000 fr. La quotité disponible de la succession, *infra* n° 166, est de 7/24, soit 17,500 fr.; la réserve de l'enfant naturel est de 3/24, soit 7,500 fr.; les enfants légitimes ont droit à titre de réserve à 14/24 ou 35,000 fr., soit chacun 17,500 fr. Sur la quotité disponible, B. prélève le montant de sa donation, soit 10,000 fr.; il reste pour l'enfant naturel 7,500 fr. qui, ajoutés à sa réserve, font 15,000 fr. Cette somme étant inférieure à la part de A., enfant légitime, qui est de 17,500 fr., il n'y a pas lieu à réduction.

II. *Ascendants.*

145 — XXII. **Quotité.** Lorsque, à défaut de descendants, l'enfant naturel se trouve en concours avec un ou plusieurs ascendants, il peut recueillir les 7/8 de la succession. Comme héritier, il a droit à 6/8, et il peut être disposé par testament à son profit de 1/8. Quant au 1/8 de surplus, il revient à l'ascendant à titre de réserve, *infra* n° 174. S'il y a plusieurs enfants naturels, l'un d'eux peut être avantagé dans les limites de la quotité disponible fixée par l'article 915, *infra* 172.

III. *Frères et sœurs.*

146 — XXIII. **Héritiers non réservataires.** Les frères et sœurs n'étant point héritiers réservataires, le père ou la mère peuvent disposer au profit de leur enfant naturel de la totalité de la part qui leur reviendrait dans leur succession *ab intestat*. Ainsi l'enfant naturel qui se trouve en concours avec des frères et sœurs peut recueillir la totalité de la succession.

147 — XXIV. **Renonciation.** Mais si, par suite de la renonciation des frères et sœurs, l'enfant naturel se trouvait en concours avec un ascendant (C. civ., 740), celui-ci aurait droit à la réserve qui lui est attribuée par l'article 915, *infra* n° 174, et les droits de l'enfant naturel seraient réduits à 7/8, *supra* n° 145. Car cette renonciation a eu pour effet de faire passer à l'ascendant le titre de représentant de la succession légitime du défunt et il a les même droits que s'il n'y avait pas eu de frères et sœurs (Defrénois, *Traité-Form.*, 7° édition, 5111-2).

CHAPITRE VI

DE LA RÉSERVE DES ENFANTS NATURELS

SOMMAIRE

148 — ART. 913 (*alinéas ajoutés par la loi du* 25 *mars* 1896). L'enfant naturel légalement reconnu a droit à une réserve. Cette réserve est une quotité de celle qu'il aurait eue s'il eût été légitime, calculée en observant la proportion qui existe entre la portion attribuée à l'enfant naturel au cas de succession *ab intestat* et celle qu'il aurait eue dans le même cas s'il eût été légitime.

149 — Sont compris dans le présent article, sous le nom d'enfants, les descendants en quelque degré que ce soit. Néan-

moins, ils ne sont comptés que pour l'enfant qu'ils représentent dans la succession du disposant.

150 — I. **Droit implicite**. Aucune disposition du Code civil n'accordait d'une façon expresse aux enfants naturels une réserve dans la succession de leurs père ou mère. Mais si les parents avaient pu, par des dispositions entre vifs ou testamentaires, disposer de la totalité de la part revenant aux enfants naturels, les droits qui leur étaient conférés par la loi auraient été illusoires; c'était là un résultat inadmissible, et il faut considérer qu'il y a eu de la part du législateur un oubli. Aussi, le droit à une réserve en faveur des enfants naturels était reconnu par tous les auteurs et la jurisprudence. On pouvait d'ailleurs s'appuyer sur deux textes. L'article 761 admettait implicitement l'existence d'une réserve; il permettait, en effet, de réduire l'enfant naturel à moitié de sa part héréditaire : on en concluait qu'il ne pouvait être privé de tous droits. L'article 757 assimilait, sauf la quotité, l'enfant naturel à l'enfant légitime; il suffisait, pour calculer l'importance de sa réserve, de suivre la même proportion que pour sa part héréditaire.

151 — II. **Disposition expresse.** Le nouvel article 913 reconnaît expressément à l'enfant naturel le droit à une réserve. Cette réserve est absolument conforme à celle déterminée par la jurisprudence; et pour sa fixation, il faut se reporter aux règles suivies antérieurement. « Nous vous demandons, a dit M. Dauphin, rapporteur au Sénat, de conserver purement et simplement et de faire passer dans la législation les usages et les règles de la jurisprudence actuelle. » Il a été encore plus explicite dans son rapport : « Nous vous proposons de maintenir le calcul de la réserve dans les termes de la jurisprudence. Cette solution est logique. La proportion entre la réserve des enfants naturels et celle qu'ils auraient eue s'ils étaient légitimes doit varier suivant le degré des héritiers légitimes en concours, comme cela est de règle pour les successions *ab intestat*. »

152 — III. **Bases.** La réserve de l'enfant naturel est fixée d'après les mêmes proportions que ses droits héréditaires. Pour calculer sa part héréditaire, il faut rechercher ce qu'il aurait eu s'il eût été légitime et lui attribuer la moitié ou les trois quarts, suivant les distinctions établies par les articles 758 et 759. Pour calculer sa réserve, il faut rechercher ce qu'aurait été sa réserve s'il eût été légitime et lui en attribuer la moitié ou les trois quarts, suivant le degré des parents légitimes avec lesquels il est en concours. Toutefois, on verra, *infra* n° 175, que sa réserve se trouve réduite alors qu'il est en concours avec des ascendants.

153 — IV. **Reconnaissance.** Pour que l'enfant naturel ait droit à

une réserve, il faut, porte l'article 913, qu'il ait été légalement reconnu. Le législateur aurait pu se dispenser de l'indiquer; car du moment qu'il n'est pas reconnu, il n'a aucun droit dans la succession de ses père ou mère, *supra* n° 36, et, par suite, il ne peut réclamer une réserve.

154 — V. **Descendants de l'enfant naturel.** Les descendants de l'enfant naturel ont droit à la même réserve que leur auteur; car ils sont en son lieu et place et jouissent des mêmes droits et avantages (*supra* n° 100); mais, au point de vue du calcul de la réserve, ils ne sont comptés que pour l'enfant qu'ils représentent (C. civ., 913, *in fine*).

155 — VI. **Père et mère naturels.** A l'égard des père et mère naturels, la loi ne leur confère aucune réserve dans la succession de leurs fils et il est généralement admis qu'à défaut d'un texte de loi, ils ne peuvent y avoir droit (Voir les autorités citées Defrénois, *Traité-Form.*, 7ᵉ édit., 5127, et *Traité des liquidations*, n° 1265).

§ 1. **Descendants.**

156 — VII. **Quotité.** Lorsque l'enfant naturel est en concours avec des descendants légitimes, sa réserve est de moitié de celle qu'il aurait eue s'il eût été légitime, puisque sa part héréditaire est de moitié de celle d'un enfant légitime.

157 — VIII. **Calcul.** Pour établir cette réserve, il faut momentanément compter l'enfant naturel comme un enfant légitime, calculer la réserve d'après le nombre des enfants sans distinction, et prendre pour l'enfant naturel la moitié de la réserve d'un enfant légitime.

158 — IX. **1ᵉʳ exemple. — Un enfant naturel et un enfant légitime.** En comptant l'enfant naturel comme un enfant légitime, on se trouve en présence de deux enfants. La réserve est, dans ce cas, d'un tiers pour chacun; c'est ce que l'enfant naturel aurait eu s'il eût été légitime; mais, en sa qualité d'enfant naturel, il n'a droit, pour sa réserve, qu'à moitié de ce tiers, soit un sixième.

159 — X. **2ᵉ exemple. — Deux enfants naturels et deux enfants légitimes.** En présence de quatre enfants, la réserve ordinaire est de trois quarts, soit pour chaque enfant 3/16 ou 6/32; la réserve de chaque enfant naturel est de moitié, ou 3/32.

160 — XI. **Enfants légitimes; réserve.** La réserve des enfants légitimes n'est en rien modifiée par la présence d'un ou plusieurs enfants naturels; elle se compte uniquement d'après le nombre des enfants légitimes, sans avoir égard aux enfants naturels : elle est donc de moitié, de deux tiers ou de trois quarts, suivant qu'il existe un, deux ou trois enfants légitimes ou un plus grand nombre.

161 — XII. **Un ou deux enfants légitimes.** S'il n'y a qu'un ou deux enfants légitimes, leur réserve n'est pas la même que celle des enfants naturels; car, en ce qui concerne ces derniers, leur réserve se calcule sur le nombre total des enfants, sans distinction, tandis que les enfants légitimes seuls comptent pour l'établissement de la réserve qui les concerne. En conséquence, il faut tout d'abord calculer la réserve des enfants naturels d'après les bases indiquées *supra* n° 157; puis la déduire du montant de la masse de la succession : le surplus est dévolu à la succession légitime et on calcule, ainsi qu'il est dit *supra* n° 160, la réserve des enfants légitimes et la quotité disponible. En procédant ainsi, on voit que la réserve des enfants naturels se prélève sur la masse de la succession et est supportée proportionnellement par les héritiers légitimes et la quotité disponible (Demolombe, XVIII, 174; Aubry et Rau, § 686-15; Laurent, XII, 50; Baudry-Lacantinerie, *Succ.*, I, 714).

162 — *Exemples :* 1° Un enfant légitime et un enfant naturel; la réserve de ce dernier étant de 2/12, *supra* n° 156, il reste 10/12, qui reviennent pour 5/12 à l'enfant légitime pour sa réserve, et 5/12 à la quotité disponible.

163 — 2° Deux enfants légitimes et deux enfants naturels. La réserve des enfants naturels est ensemble de 9/48; il reste 26/48, qui reviennent pour 18/36 aux enfants légitimes pour leur réserve, et 13/48 à la quotité disponible.

164 — XIII. **Plus de deux enfants légitimes.** Lorsqu'il y a trois enfants légitimes ou un plus grand nombre, la quotité disponible ne se trouve plus modifiée pour le calcul de la réserve de l'enfant naturel; elle est invariablement d'un quart, aussi bien à l'égard des enfants légitimes qu'en ce qui concerne les enfants naturels. Si, au lieu d'un enfant naturel, il y avait un enfant légitime, c'est uniquement la part réservataire des autres enfants qui serait réduite; il doit en être de même en présence d'un enfant naturel, et sa réserve doit être uniquement prélevée sur celle des enfants légitimes (Demolombe, XVIII, 174; Aubry et Rau, § 686-16; Laurent, XII, 51; Huc, VI, 146; Baudry-Lacantinerie, *Don.*, I, 713).

165 — *Exemple.* Un enfant naturel et trois enfants légitimes. A l'égard des enfants légitimes la quotité disponible est d'un quart; si, pour le calcul de la réserve de l'enfant naturel, on ajoute l'enfant naturel aux enfants légitimes, on se trouve en présence de quatre enfants, la quotité disponible est également d'un quart et la réserve est de trois quarts. Ce quart constitue la quotité disponible et le surplus de la succession doit être partagé entre les enfants légitimes et l'enfant naturel, chacun dans la proportion de leurs droits héréditaires, soit 3/20 pour l'enfant naturel et 12/20 pour les enfants légitimes, ou séparément chacun 4/20.

166 — XIV. **Tableau de la réserve et de la quotité disponible en cas de concours de un, deux ou trois enfants naturels avec un, deux, trois ou quatre enfants légitimes :**

NOMBRE DES ENFANTS		RÉSERVE DES ENFANTS			QUOTITÉ DISPONIBLE.
Naturels.	Légitimes.	Naturels.	Légitimes.	TOTAL.	
1	1	2/12	5/12	7/12	5/12
	2	3/24	14/24	17/24	7/24
	3	3/32	21/32	24/32	8/32
	4	3/40	27/40	30/40	10/40
2	1	2/8	3/8	5/8	3/8
	2	9/48	26/48	35/48	13/48
	3	3/20	12/20	15/20	5/20
	4	3/24	15/24	18/24	6/24
3	1	6/16	5/16	11/16	5/16
	2	27/120	62/120	89/120	31/120
	3	3/16	9/16	12/16	4/16
	4	9/56	33/56	42/56	14/56

167 — XV. **Enfants légitimes renonçants.** Si tous les enfants légitimes sont renonçants ou indignes, mais laissent des descendants venant de leur chef à la succession, les droits héréditaires de l'enfant naturel sont de moitié de la totalité, *supra* n° 93; par conséquent, sa réserve est de moitié de cette moitié, soit un quart de la succession (Defrénois, *Traité des liquid.*, 1256).

168 — XVI. **Masse.** La réserve des enfants naturels se calcule, comme celle des enfants légitimes, sur une masse formée de tous les biens existants au décès, auxquels on réunit fictivement ceux dont il a été disposé par donation entre vifs (C. civ., 922).

169 — XVII. **Réduction.** L'enfant naturel étant héritier a le droit, au même titre que l'enfant légitime, de faire réduire les donations et les legs qui porteraient atteinte à sa réserve, et ce droit lui appartient même à l'égard des donations antérieures à sa reconnaissance (Aubry et Rau, § 686-9; Demolombe, XIX, 163, 166; Defrénois, *Traité-Form.*, 7e édit., 5117, et *Traité des liquid.*, 1251; Toulouse, 15 mars 1834; Cass., 28 juin 1831, 16 juin 1847), ou des donations qui ont été faites avant la promulgation de la loi du 25 mars 1896, *infra* n° 197.

170 — XVIII. **Conjoint survivant.** Lorsque l'enfant naturel est

en concours avec des enfants légitimes et que le défunt a donné ou légué à son conjoint survivant un quart en propriété et un quart en usufruit, cette libéralité doit être supportée par l'enfant naturel et les enfants légitimes proportionnellement à leur part héréditaire.

171 — *Exemple*. Un époux laissant un enfant légitime et un enfant naturel a donné à son conjoint un quart en propriété et un quart en usufruit. Les droits héréditaires de l'enfant naturel sont d'un quart; par conséquent, il doit supporter dans cette proportion la libéralité faite au conjoint survivant, soit pour 1/16 en propriété et 1/16 en usufruit; il reste à l'enfant naturel 4/16 en propriété et 1/16 en nue propriété. Les droits héréditaires de l'enfant légitime sont des 3/4 ou 12/16, grevés en propriété de 3/16 et en usufruit de 3/16; reste 6/16 en propriété et 3/16 en nue propriété. Le même calcul serait à faire sur la part de chacun des enfants, s'il y avait plusieurs enfants naturels ou plusieurs enfants légitimes.

§ 2. Ascendants.

172 — Art. 915. Lorsque, à défaut d'enfants légitimes, le défunt laisse à la fois un ou plusieurs enfants naturels et des ascendants dans les deux lignes ou dans une seule, les libéralités par actes entre vifs et par testament ne pourront excéder la moitié des biens du disposant s'il n'y a qu'un enfant naturel, le tiers s'il y en a deux, le quart s'il y en a trois ou un plus grand nombre. Les biens ainsi réservés seront recueillis par les ascendants jusqu'à concurrence d'un huitième de la succession, et le surplus par les enfants naturels.

173 — XIX. **Quotité.** En cas de concours avec des ascendants, la réserve des enfants naturels est fixée d'après leur nombre : s'il n'y a qu'un enfant naturel, elle est de moitié; s'il y en a deux, de deux tiers, et s'il y en a trois ou un plus grand nombre, elle est de trois quarts. C'est la même proportion que celle indiquée en l'article 913 à l'égard des enfants légitimes.

174 — XX. **Réserve des ascendants.** Mais, sur la réserve des enfants naturels, il y a lieu de déduire la réserve des ascendants, qui est fixée invariablement à 1/8, quel que soit leur nombre; par conséquent, s'il y a un ascendant dans les deux lignes, il ne revient à chacun d'eux que 1/16. C'est sur la proposition de la commission du Sénat que cette réserve en faveur des ascendants a été constituée. La

Chambre des députés avait également admis le principe de la réserve des ascendants, mais elle ne lui donnait que la moitié en usufruit de la succession. Le Sénat a considéré qu'il était nécessaire d'accorder aux ascendants une réserve en toute propriété, et voici les motifs qui ont été donnés par le rapporteur : « De première part, les entraînements des liaisons libres risquent plus que le mariage et la paternité légitime de détourner les hommes de leurs obligations envers leur père, leur mère, leurs aïeuls et leurs aïeules. En second lieu, l'exclusion des ascendants en cas d'existence d'enfants légitimes a pour correctif la dette alimentaire instituée par les articles 205 et suivants. » D'ailleurs, le législateur n'a en rien innové en accordant une réserve aux ascendants, car ce droit leur avait été implicitement reconnu par les auteurs (voir Defrénois, *Traité des liquid.*, n° 1261).

175 — XXI. **Non cumul.** La réserve des enfants naturels et celle des ascendants ne se cumulent pas : elles sont prélevées uniquement sur la portion réservataire de la succession, et ce sont les enfants naturels qui supportent seuls la charge de la réserve des ascendants. « Ils ne font en cela, a dit le rapporteur du Sénat, qu'être soumis à la réduction attachée par la loi à leur illégitimité. »

176 — XXII. **Tableau de la réserve des enfants naturels et des ascendants.**

NOMBRE des ENFANTS naturels.	RÉSERVE		QUOTITÉ DISPONIBLE.
	Enfants naturels.	Ascendants.	
1	3/8	1/8	4/8
2	13/24	1/8 ou 4/24	8/24
3 ou un plus grand nombre.	5/8	1/8	2/8

177 — XXIII. **Ascendants et frères et sœurs.** L'article 915 ne vise que le cas où l'enfant naturel est en concours avec des ascendants. Mais qu'adviendra-t-il lorsqu'il se trouvera en concours avec des père et mère et des frères et sœurs? La réserve de l'enfant naturel devrait-elle être calculée d'après les dispositions de l'art. 915? Ou, au contraire, faudra-t-il faire l'application de la règle générale fixée par l'art. 913? D'après la jurisprudence, *infra* n° 180, c'est le degré de parenté des héritiers légitimes exclus par l'institution universelle qui doit servir de base pour l'établissement de la réserve; on doit donc admettre que dans ce cas, la réserve serait fixée ainsi qu'il est dit *infra* n° 179. Quant aux père et mère, ils ont droit incontestablement

à une réserve. S'ils sont tous deux existant, leur réserve est ensemble de 1/8 ou séparément chacun de 1/16; si l'un d'eux est prédécédé, il n'a droit qu'à 1/16 dans la succession *ab intestat*, *supra* n° 81. Peut-on soutenir qu'en raison de l'institution d'un légataire universel, ses droits héréditaires seraient élevés à titre de réserve à 1/8, par application de l'art. 915? Il nous semble difficile d'admettre un résultat aussi bizarre, et sa réserve ne peut être plus élevée que sa part héréditaire qui est de 1/16.

178 — XXIV. **Conjoint survivant**. Si c'est le conjoint survivant qui a été institué légataire universel et qu'il soit en concours avec un enfant naturel et des ascendants, il était admis, antérieurement à la loi du 25 mars 1896, que l'enfant naturel ne pouvait faire réduire la libéralité à un quart en propriété et un quart en usufruit (Cass., 12 juin 1866; Grenoble, 7 mai 1879). On peut se demander si la jurisprudence se maintiendra en ce sens, alors que, en raison de l'augmentation de la réserve des enfants naturels, la portion disponible sera dans la plupart des cas inférieure à la quotité entre époux, fixée par l'art. 1094. Il semble contraire à toute équité qu'en présence d'enfants naturels, les dispositions au profit du conjoint survivant ne puissent pas être aussi élevés que s'il était en concours avec des enfants légitimes. Ainsi, ne pourrait-on pas admettre que la disposition en faveur de l'époux survivant doive comprendre toute la quotité disponible, sans toutefois qu'elle soit inférieure à un quart en propriété et un quart en usufruit, en ce compris l'usufruit de la réserve de l'ascendant? On arriverait ainsi à combiner les deux quotités disponibles, afin de ne pas porter atteinte aux droits du conjoint survivant.

§ 3. Frères et sœurs.

179 — XXV. **Quotité**. En présence de frères et sœurs ou descendants d'eux, les enfants naturels ont droit à trois quarts de la succession, *supra* n° 82; c'est sur cette même base que doit être calculée leur réserve. La réserve d'enfants légitimes serait de moitié, deux tiers ou trois quarts, suivant leur nombre (C. civ., 913); la réserve des enfants naturels est des trois quarts de cette moitié, de ces deux tiers ou de ces trois quarts, soit six seizièmes en présence d'un enfant naturel, neuf dix-huitièmes en présence de deux, et neuf seizièmes en présence de trois ou d'un plus grand nombre (Voir Seine, 5 janvier 1883; Rép. Defrénois, 1375).

180 — XXVI. **Légataire universel.** Si les frères et sœurs sont exclus par un légataire universel, l'enfant naturel n'a droit qu'à la réserve fixée ainsi qu'il est dit dans le numéro précédent; il ne peut, dans ce cas, réclamer une réserve similaire à celle de l'enfant légi-

time; car c'est uniquement d'après le degré de parenté des héritiers légitimes exclus par l'institution universelle qu'elle doit être déterminée (Defrénois, *Traité des liquid.*, 1262; Amiens, 23 mars 1854; Cass., 15 mars et 31 août 1847, 29 juin 1857, 7 fév. 1865, 20 avril 1875; Lyon, 21 janv. 1869; Paris, 6 août et 2 déc. 1872, 24 juin 1886; Rép. Defrénois, art. 2815, 3263. CONTRA : Paris, 16 juin 1838; Toulouse, 8 juin 1839; Cass., 14 mars 1837; Bordeaux, 26 juin 1861).

181 — XXVII. **Conjoint survivant.** Si c'est le conjoint survivant qui est légataire universel, il a droit à la même quotité qu'un étranger, sans que cette quotité puisse être inférieure à un quart en propriété et un quart en usufruit, *supra* n° 178.

182 — XXVIII. **Renonciation.** Lorsque les frères et sœurs et leurs descendants, bien qu'exclus de l'hérédité par suite de l'institution d'un légataire universel, renoncent à la succession, ce sont les héritiers du degré subséquent qui viennent à la succession. Si ces héritiers sont des ascendants, ils ont droit à la réserve fixée par l'art. 915, *supra* n° 173, et l'enfant naturel n'a droit qu'à la réserve qui lui est attribuée en présence d'ascendants, *supra* n° 174, puisqu'il se trouve en concours avec ceux-ci, les héritiers renonçants étant considérés comme n'ayant jamais eu aucun droit dans la succession (voir, comme analogie, Demolombe, XIX, 122; Defrénois, *Traité-Form.*, 7e édit., 5111, et *Traité des liquid.*, 1240; Cass., 11 mai 1840, 24 fév. 1863; Seine, 2? mars 1893; Paris, 3 août 1894; Rép. Defrénois, 7406, 8044.

§ 4. Collatéraux autres que frères et sœurs ou absence d'héritiers légitimes.

183 — XXIX. **Quotité.** A défaut de descendants, d'ascendants, de frères et sœurs ou de descendants d'eux, de même qu'en l'absence d'héritiers légitimes, l'enfant naturel a droit à la totalité de la succession, *supra* n° 93. Dans ce cas, la réserve de l'enfant naturel se calcule de la même façon que si la succession était dévolue à un enfant légitime; elle est donc de moitié, de deux tiers ou de trois quarts, suivant le nombre des enfants naturels (Defrénois, *Traité-Form.*, 7e édit., 5125, et *Traité des liquid.*, 1263; Corbeil, 26 juillet 1883; Rép. Defrénois, 1640).

184 — XXX. **Conjoint survivant.** De même que dans le cas de concours avec des ascendants ou des frères et sœurs, *supra* nos 178 et 181, le conjoint survivant institué légataire universel a droit à toute la quotité disponible, mais sans qu'elle puisse être inférieure à un quart en propriété et à un quart en usufruit.

CHAPITRE VII

DES DROITS DE MUTATION PAR DÉCÈS

SOMMAIRE

I. Modification.
II. Quotité du droit.
III. Absence de reconnaissance.
IV. Parent des père et mère.
V. Succession de l'enfant naturel.

185 — **Art. 8.** L'article 53 de la loi des 20 avril-4 mai 1816 est modifié ainsi qu'il suit :

186 — « L'enfant naturel légalement reconnu, appelé à la succession *ab intestat* ou testamentaire de son auteur, sera considéré, quant à la quotité du droit, comme enfant légitime. »

187 — I. **Modification.** D'après une décision du ministre des finances du 7 messidor an XII, les enfants naturels étaient considérés, au point de vue de l'acquit des droits de mutation par décès, comme des enfants légitimes, et ils n'acquittaient que le droit en ligne directe, alors même qu'ils avaient droit à la totalité de la succession, en l'absence de parents légitimes. Mais l'article 53 de la loi du 28 avril 1816 n'avait pas maintenu cette assimilation. Aux termes de cet article, lorsque les enfants naturels étaient appelés à la succession à défaut de parents au degré successible, ils étaient considérés, quant à la quotité des droits, comme personnes non parentes ; c'était donc le droit entre étrangers qui leur était applicable. Du moment que le législateur leur conférait la qualité d'héritiers, il ne pouvait plus maintenir cette distinction et il devait les assimiler aux enfants légitimes au point de vue des droits de mutation par décès, comme il les avait assimilés en ce qui concerne leurs droits héréditaires; tel est l'objet de l'article 8 de la loi du 25 mars 1896.

188 — II. **Quotité du droit.** La quotité, quelle qu'elle soit, que recueille l'enfant naturel dans la succession de ses père ou mère, tant

en qualité d'héritier *ab intestat* qu'en qualité de légataire, est soumise au droit fixé pour la ligne directe (actuellement 1 p. 100). Ce droit est le même, alors que l'enfant naturel appréhende la totalité de la succession par suite de l'absence de descendants, d'ascendants, de frères ou sœurs ou descendants d'eux, *supra* n° 93.

189 — III. **Absence de reconnaissance.** Quant à l'enfant naturel non reconnu, il est considéré comme un étranger, *supra* n° 36, et c'est le droit entre étrangers qui est applicable au legs que lui feraient ses père ou mère. Toutefois si, à défaut de reconnaissance, il jouit d'une possession d'état d'enfant naturel conforme aux indications de son acte de naissance, le droit en ligne directe doit seulement être perçu (Defrénois, *Traité-Form.*, 7e édit., 11907; Sables-d'Olonne, 5 août 1880; Rép. Defrénois, 729).

190 — IV. **Parents des père et mère.** Comme il n'existe aucun lien de parenté entre les enfants naturels et les parents de ses père et mère, les legs que ceux-ci lui feraient seraient soumis au droit de mutation entre étrangers (Defrénois, *Traité-Form.*, 7e édit., 11908; Garnier, *Enfants*, 170; Dict. Réd., *Succ.*, 1013; Belfort, 20 janvier 1875; Bourg, 5 décembre 1878; Montluçon, 27 juillet 1888; Rép. Defrénois, 5106).

191 — V. **Succession de l'enfant naturel.** Lorsque l'enfant naturel décède sans postérité légitime, mais laissant un enfant naturel, celui-ci ne doit acquitter que le droit de mutation par décès en ligne directe. A l'égard du père naturel et des frères et sœurs naturels, le droit est le même que s'ils étaient légitimes (Defrénois, *Traité-Form.*, 7e édit., 11909).

CHAPITRE VIII

DISPOSITION TRANSITOIRE

SOMMAIRE

192 — Art. 9. Toute réclamation sera interdite à l'enfant naturel lorsqu'il aura reçu du vivant de ses père et mère, avant la date de la promulgation de la présente loi, la moitié de ce qui lui est attribué par les art. 758, 759, 760 et 761 précédents, avec déclaration expresse de leurs père ou mère que leur intention est de réduire l'enfant naturel à la portion qu'ils lui ont assignée. Dans le cas où cette portion serait inférieure à la moitié de ce qui devrait revenir à l'enfant naturel, il ne pourra réclamer que le supplément nécessaire pour parfaire cette moitié.

193 — En ce qui concerne le calcul de la réserve des enfants naturels, la présente loi sera applicable à toutes les libéralités faites antérieurement à sa promulgation.

194 — I. **Réduction.** Ainsi que nous l'avons vu, *supra* n° 105, l'article 1er *in fine* abroge expressément l'article 761 qui permettait au père ou à la mère de réduire la portion héréditaire de leur enfant naturel, à la condition de lui donner de leur vivant et avec dessaisissement la moitié de ses droits héréditaires. Il s'agissait de savoir si, nonobstant cette abrogation, les actes de réduction consentis antérieurement à la promulgation de la loi du 25 mars 1896 continueraient à

produire leurs effets. L'article 9 règle cette situation : il admet la validité des actes de réduction; car, ainsi que l'a dit le rapporteur du Sénat, l'acte passé par le père ou la mère est valable, parce qu'il a eu lieu dans la plénitude de leur droit, avec un double caractère d'irrévocabilité et de dessaisissement, dans des circonstances et dans un but qu'on ne saurait supprimer ni faire renaître.

195 — II. **Actes antérieurs.** Pour que l'acte de réduction soit valable, il faut qu'il ait été passé avant le 28 mars 1896, date de la promulgation de la loi; s'il avait été fait sous signatures privées, il doit avoir acquis date certaine antérieurement à cette époque.

196 — III. **Déclaration expresse.** La déclaration de réduction doit être mentionnée en termes exprès; mais elle peut résulter d'équipollents. La loi n'exige pas des termes sacramentels (Demolombe, XIV, 107; Laurent, IX, 135; Aubry et Rau, § 605-21; Defrénois, *Traité-Form.*, 7e édit., 2815; Paris, 24 juin 1886; Cass., 2 mai 1888; Rép. Defrénois, 3264, 4372).

197 — IV. **Quotité des droits héréditaires.** La réduction doit être calculée non d'après les droits héréditaires conférés à l'enfant naturel à l'époque où l'acte a été passé, mais d'après la quotité qui lui est reconnue par la loi du 25 mars 1896. Le législateur a voulu que, même en cas de réduction, l'enfant naturel bénéficiât, dans une certaine mesure, des avantages qui lui étaient accordés par la nouvelle loi.

198 — V. **Inférieur à moitié.** En raison de l'augmentation des droits des enfants naturels, la quotité qui leur aura été donnée par leur père ou leur mère sera, dans la plupart des cas, inférieure à moitié de leurs droits héréditaires. L'enfant naturel ne pourra réclamer que la différence, afin de parfaire cette moitié. Toutefois, s'il n'avait reçu qu'une part très minime, la clause de réduction, ainsi qu'il avait été admis antérieurement, pourrait être déclarée sans effet (Demante, III, 80 *bis*; Demolombe, XIV, 115; Paris, 24 juin 1886; Cass., 2 mai 1888; Rép. Defrénois, 3264, 4372. Contra : Laurent, IX, 137; Aubry et Rau, § 605-22).

199 — VI. **Réserve; libéralités antérieures.** L'article 9, relatif aux dispositions transitoires, prévoit un second cas qui se présentera fréquemment dans la pratique; c'est celui où le père ou la mère auront, antérieurement à la loi du 25 mars 1896, fait des libéralités qui, par suite de l'augmentation de la réserve de l'enfant naturel, devront être réduites, alors qu'aucune réduction n'aurait dû être effectuée si les dispositions du Code civil n'avaient pas été modifiées. Un sénateur avait demandé qu'il ne fût apporté aucune atteinte aux droits résultant des donations entre vifs et des institutions contractuelles; mais l'amendement qu'il avait déposé en ce sens a été rejeté,

et le Sénat, conformément à l'avis de la commission, a décidé au contraire que, dans tous les cas où il s'agirait de calculer la réserve des enfants naturels reconnus, ce calcul se ferait conformément aux dispositions de la loi du 25 mars 1896, alors même qu'il y aurait eu des donations entre vifs et des institutions contractuelles antérieures à la promulgation de cette loi.

200 — VII. **Successions ouvertes.** Quant aux successions ouvertes avant la promulgation de la loi du 25 mars 1896, mais non encore liquidées, elles sont soumises aux prescriptions du Code civil, la nouvelle loi ne produisant pas à cet égard un effet rétroactif.

CHAPITRE IX

DE L'APPLICATION DE LA LOI AUX COLONIES

201 — ART. 10. La présente loi est applicable à toutes les colonies où le Code civil a été promulgué.

202 I. **Objet.** L'article 10 a pour objet de rendre applicable la loi du 25 mars 1896 aux colonies de la Martinique, de la Guadeloupe et de la Réunion, sans qu'une nouvelle loi ordonne cette exécution ; en effet, aux termes d'un sénatus-consulte du 3 mai 1854, les lois concernant les successions ne peuvent être modifiées dans ces colonies qu'en vertu d'un sénatus-consulte ou plutôt d'une loi, puisque aujourd'hui il ne peut plus être rendu de sénatus-consulte. Dans toutes les autres colonies, les lois nouvelles sont rendues exécutoires en vertu de décrets du président de la République.

203 — II. **Colonies.** La loi du 25 mars 1896 est applicable dans toutes les colonies où le Code civil a été promulgué. Il en est ainsi spécialement de la Guyane (arrêté 1 vendémiaire an XIV), de la Martinique (arrêté 16 brumaire an XIV), de l'Inde (arrêté 6 janvier 1819), etc.

204 — III. **Algérie.** En Algérie, ainsi que dans toutes les colonies conquises depuis sa promulgation, le Code civil est devenu exécutoire par le fait même de la conquête, sans y avoir besoin d'aucune promulgation effective; par conséquent, la loi du 25 mars 1896, qui modifie plusieurs articles du Code civil, y est également exécutoire.

APPENDICE

LÉGISLATIONS ÉTRANGÈRES[1]

205 — I. **Allemagne**. Vis-à-vis de leur mère, les enfants naturels sont absolument assimilés à des enfants légitimes. Certains États leur assurent même une situation analogue par rapport aux parents de leur mère (Bavière, Saxe). Au contraire, vis-à-vis de leur père, la loi ne leur reconnaît pas la qualité d'héritiers : ils n'ont droit qu'à des aliments. Plusieurs législations les privent même de tous droits sur la succession maternelle quand ils se trouvent en concours avec des descendants légitimes.

206 — Le projet de code civil pour l'empire allemand règle comme suit le droit successoral de l'enfant naturel : entre l'enfant naturel et son père (et à plus forte raison les parents de celui-ci), on ne reconnaît aucune relation de famille ; tout se borne, outre les empêchements au mariage (art. 1236), à l'obligation imposée au père naturel de pourvoir aux besoins de l'enfant jusqu'à ce que ce dernier ait atteint l'âge de quatorze ans accomplis. Cette obligation, transmissible aux héritiers du père, ne s'entend que de ce qui est strictement nécessaire à l'existence. Elle peut être réglée à forfait avec l'autorisation du juge tutélaire (art. 1571, 1573, 1575 et 1576). A l'égard de la mère, la situation de l'enfant naturel, notamment au point de vue successoral, est la même que celle des enfants légitimes. Il prend le nom de la mère, mais non point toutefois celui qu'elle aurait acquis par le mariage. L'enfant naturel peut être légitimé, soit par mariage subséquent, soit par rescrit du prince. Mais, dans ce dernier cas, aucune relation juridique de parenté n'est créée entre l'enfant légitime et la famille paternelle ; les effets en seront restreints aux rapports entre le père et l'enfant.

207 — II. **Angleterre**. La loi ne se préoccupe que d'assurer l'entretien de l'enfant naturel. Cela fait, elle ne songe à lui que pour le frapper d'incapacité et l'exclure de la famille. Sa dureté est même plus grande que celle de notre ancien droit, puisqu'il n'est pas possible de relever l'enfant naturel de cet état de déchéance par un mariage subséquent. L'enfant naturel ne peut être légitimé que par un acte du Parlement, lequel acte fixe les effets que doit produire la légitimation.

(1) Cette partie est extraite du rapport de M. Jullien à la Chambre des députés.

Le bâtard est considéré comme *filius nullius, filius populi*. Il ne peut porter ni le nom de son père, ni celui de sa mère, à moins d'avoir acquis spécialement ce droit. Etranger à toute famille, il n'hérite de personne et n'a pas d'héritiers, si ce n'est toutefois son propre enfant.

208 — Mais il faut ajouter que les enfants naturels peuvent recevoir de leurs parents, comme de toutes autres personnes, ce qu'il plaît à ceux-ci de leur donner, soit par acte entre vifs, soit par testament; ce qui rend surtout leur situation meilleure qu'elle n'est aujourd'hui en France.

209 — III. **Autriche.** Vis-à-vis de leur mère, les enfants naturels ont sur les biens auxquels on peut librement succéder les mêmes droits que les enfants légitimes. Mais ils n'ont aucun droit d'hérédité légitime à exercer dans la succession de leur père ou dans celle des parents paternels (*Code civil général de l'empire d'Autriche*).

210 — IV. **Belgique.** Mêmes dispositions que celles de notre Code civil, avant les modifications apportées par la loi du 25 mars 1896.

211 — V. **Danemark.** L'enfant naturel exerce des droits sur les biens de son père et sur ceux de la famille de son père, si le père et la mère, avant sa naissance, ont exprimé l'intention de se marier.

212 — Si le père a légalement reconnu son enfant naturel, il y a lieu de rechercher s'il a, dans cet acte, déterminé ou non les droits qu'il entend accorder à cet enfant. Dans le premier cas, l'enfant doit se contenter de ce qui lui a été alloué, sans que la part qui lui est ainsi faite puisse jamais excéder la moitié de ce qui revient à un enfant légitime. Dans le cas contraire, l'enfant naturel hérite de la moitié de la part d'un enfant légitime, et, dans le cas où il n'existerait point d'enfants légitimes, de la totalité des biens (Ordonnance du 14 octobre 1763 et proclamation du 6 décembre 1839).

213 — Aux termes d'une loi du 20 avril 1888, le père naturel doit contribuer à l'entretien de l'enfant jusqu'à quatorze ans et même dix-huit, s'il est nécessaire. Dans le cas où le père viendrait à mourir avant que l'enfant ait dix-huit ans, la somme nécessaire pour faire face à cette obligation sera payée sur les biens de la succession comme une dette active. Si le père naturel laisse une veuve et des enfants légitimes, ce payement ne pourra être demandé que par les enfants naturels conçus avant le mariage, et la somme à affecter à l'entretien de l'enfant naturel ne pourra dépasser la part héréditaire d'un enfant légitime (*Ann. de lég. étrangère*, p. 754).

214 — VI. **Espagne.** A défaut d'ascendants ou de descendants légitimes, la succession échoit tout entière aux enfants naturels reconnus et aux enfants légitimés par concession royale; en concours avec des descendants légitimes, chaque enfant naturel reconnu a droit à la moi-

tié d'une part d'enfant légitime à prendre sur la quotité disponible; en concours avec des descendants légitimes, les enfants naturels reconnus ont droit à la moitié de la quotité disponible, c'est-à-dire au quart de la succession, mais sans préjudice de la légitime du veuf, de sorte que, de son vivant, ils n'ont que la nue propriété de ce qui devra ensuite compléter leur part.

215 — Les enfants naturels et les parents légitimes du père ou de la mère qui les a reconnus ne sont unis par aucun lien de succession réciproque *ab intestat* (Code civil de 1888-1889).

216 — VII. **Hollande.** Mêmes dispositions que le Code civil français (Code civil néerlandais, art. 910, 912, 914, 919 et 920).

217 — VIII. **Italie.** Les enfants naturels n'ont de droits dans la succession de leurs auteurs que si leur filiation est légalement reconnue ou déclarée. Dans ce cas, ils ont droit à la moitié de la succession, lorsqu'ils se trouvent en concours avec des descendants légitimes; aux deux tiers, lorsqu'ils se trouvent en concours avec des ascendants ou avec le conjoint; à toute l'hérédité, lorsque les père ou mère n'ont laissé ni descendants légitimes, ni ascendants, ni conjoint.

218 — Bien que reconnu, l'enfant naturel n'a aucun droit sur les biens des parents de l'auteur qui l'a reconnu.

219 — En présence d'ascendants ou de descendants légitimes, les enfants naturels sont incapables de recevoir, par testament, au delà de ce que la loi leur attribue par succession *ab intestat* (Code civil italien, art. 745 à 752, 768).

220 — IX. **Suède.** Les enfants naturels ne succèdent qu'à leurs descendants; mais leurs parents doivent pourvoir à leur éducation et à leur entretien.

221 — X. **Suisse.** La législation varie dans les différents cantons. Les uns accordent à l'enfant naturel les droits d'enfants légitimes sur la succession de la mère et lui refusent tout droit sur celle du père; d'autres lui attribuent soit des fractions de droits d'enfants légitimes sur la succession du père, soit même des droits d'enfants légitimes quand il se trouve en concours avec d'autres héritiers. Enfin quelques cantons lui refusent tous droits sur la succession de ses père et mère.

222 — Le Code civil du canton de Zurich de 1887 contient deux articles sur ce sujet :

« Art. 893. — Les enfants naturels ont, dans la succession de leur mère et de leurs parents maternels, les mêmes droits héréditaires et de réserve que les enfants légitimes de leur mère.

» Art. 894. — L'enfant naturel ne jouit d'aucun droit à l'égard du père et des parents paternels. »

FORMULES

SOMMAIRE

FORMULE 1. — Acte de notoriété. — Enfants légitimes. — Enfant naturel et descendants d'enfants naturels (*Commentaire*, nos 62, 64).

PAR DEVANT Me...,

ONT COMPARU :

M. LONGÉ (Léon), propriétaire, demeurant à...,

Et M. DANION (Louis-Charles), industriel, demeurant à...,

Lesquels ont, par ces présentes, déclaré avoir parfaitement connu M. GATON (Paul), en son vivant propriétaire, demeurant à..., veuf de Mme LANGLOIS (Louise), et non remarié.

Et ils ont certifié pour vérité et notoriété publique :

Que M. Gaton est décédé *ab intestat* en son domicile, le...;

Qu'après son décès il n'a pas été fait d'inventaire et qu'il a laissé pour héritiers :

1° M. Gaton (Louis), pharmacien, demeurant à..., son fils, issu de son mariage avec ladite dame, contracté à la mairie de..., le..., pour quatre sixièmes;

2° M. Gaton (Léon-Charles), industriel, demeurant à..., pour un sixième en qualité d'enfant naturel reconnu par M. Paul Gaton, suivant déclaration passée devant M. le maire de..., le..., dont une expédition délivrée par M. le greffier du tribunal civil de..., le..., porte cette mention : Enregistré à..., etc. (*copier*) ;

3° M. Daroche (Lucien), docteur en médecine, demeurant à...;

4° Et Mlle Daroche (Hélène), majeure célibataire, demeurant à...,

Ces deux derniers conjointement pour le sixième de surplus, soit chacun pour un douzième, par représentation de Mme Gaton (Lucienne), leur mère décédée, épouse de M. Daroche (Joseph), ladite dame aussi enfant naturelle reconnue par M. Gaton, *de cujus*, suivant acte passé devant Me..., notaire à..., le...

A l'appui de leurs déclarations, les comparants ont représenté :

1° L'expédition enregistrée de l'acte de l'état civil portant reconnaissance de M. Léon Gaton;

2° Une expédition de l'acte de reconnaissance de Mlle Lucienne Gaton, délivrée par Me..., notaire;

3° Et une expédition de l'acte de décès de M. Gaton, inscrit sur le registre des actes de décès de la commune de..., le..., ladite copie délivrée par le maire de cette commune, le...

Ces trois pièces sont demeurées ci-annexées, après mention d'annexe signée des notaires — ou du notaire et des témoins.

Dont acte. Fait et passé, etc.

Enregistrement. — Droit fixe : 3 fr. (Lois 28 avril 1816, art. 43, n° 2, et 28 février 1872, art. 4).

FORMULE 3. — Acte de notoriété. — Descendants d'enfant légitime. — Enfant naturel (*Commentaire*, n° 66).

(*Comparution comme en la formule 1*).

Lesquels ont, par ces présentes, déclaré avoir parfaitement connu Mme Lelong (Jeanne-Pauline), en son vivant rentière, demeurant à..., veuve de M. Duval (Ernest).

Et ils ont certifié pour vérité et notoriété publique :

Que Mme DUVAL est décédée, en son domicile, le...,
Qu'après son décès, il n'a pas été fait d'inventaire,
Et qu'elle a laissé pour héritiers :
1° M. AIMABLE (Louis);
2° Mlle AIMABLE (Ernestine);
3° M. AIMABLE (Paul);
4° Mlle AIMABLE (Jeanne),
Mineurs, sous la tutelle légale de M. AIMABLE (Paul), leur père, propriétaire, demeurant à...,
Ses petits-enfants, conjointement pour trois quarts, soit chacun pour trois seizièmes, par représentation de Mme LELONG (Hélène), épouse de M. Paul AIMABLE, leur mère, décédée à..., le...,
5° Et M. LELONG (Ernest), épicier, demeurant à..., pour un quart ou quatre seizièmes, en qualité d'enfant naturel reconnu de Mme Jeanne LELONG, suivant acte passé devant Me..., notaire à..., le...
A l'appui de leurs déclarations (*voir la formule* 1).

ENREGISTREMENT. — Même droit qu'en la formule 1.

FORMULE 8. — Acte de notoriété. — Enfant naturel. — Ascendant. — Frères et sœurs. — Conjoint survivant (*Commentaire*, nos 81, 91).

(*Comparution comme en la formule* 1.)
Lesquels ont, par ces présentes, déclaré avoir parfaitement connu M. CULAN (Louis), cultivateur, demeurant à..., époux de Mme DASON (Virginie), sa veuve, avec laquelle il s'était marié à la mairie de..., le..., sans avoir fait précéder leur union d'un contrat de mariage, et, par conséquent, étant soumis au régime de la communauté légale,
Et ils ont certifié pour vérité et notoriété publique :
Que M. CULAN est décédé en son domicile, le...,
Qu'après son décès, il n'a pas été fait d'inventaire,
Et qu'il a laissé comme héritiers :
1ent. Pour trois quarts, ses deux enfants naturels ci-après nommés, qu'il a reconnus suivant acte passé devant Me..., notaire à..., le... :
1° Mlle CULAN (Marcelle), célibataire majeure, sans profession, demeurant à...;
2° M. CULAN (Jules), mineur sous la tutelle dative de M. PATIN (Pierre), propriétaire, demeurant à..., nommé à cette fonction suivant délibération du conseil de famille de ce mineur réuni sous la présidence de M. le juge de paix du canton de..., le...

Soit pour chacun douze trente-deuxièmes, ensemble vingt-quatre trente-deuxièmes 24/32

2°nt. Et pour un quart seulement, en raison de l'existence des enfants naturels reconnus ci-dessus nommés :

1° M. CULAN (Paul), rentier, demeurant à..., son père, pour un quart de ce quart, soit, dans le total, deux trente-deuxièmes 2/32

2° M. CULAN (Léon), cultivateur, demeurant à...;

3° Et Mme CULAN (Germaine), épouse de M. DENIS (Alphonse-Louis), cultivateur, avec lequel elle demeure à...

Ses frère et sœur germains, conjointement pour les trois quarts de surplus dans ce quart, soit, dans le total, chacun trois trente-deuxièmes, ensemble six trente-deuxièmes. . . 6/32

Egal à l'unité. 32/32

Le tout, sauf les droits en usufruit de Mme veuve CULAN, étant de moitié, conformément à l'article 767 du Code civil, M. CULAN, son mari, ne lui ayant fait aucune libéralité entre vifs ou testamentaire.

A l'appui de leurs déclarations (*voir la formule 1*).

ENREGISTREMENT. — Même droit qu'en la formule 1.

FORMULE 4. — Acte de notoriété. — Enfant naturel. — Neveux et nièces (*Commentaire*, n° 84).

(*Comparution comme en la formule 1.*)

Lesquels ont, par ces présentes, déclaré avoir parfaitement connu M. TUSSARD (Louis-Adolphe), en son vivant propriétaire, demeurant à...,

Et ils ont certifié pour vérité et notoriété publique :

Que M. TUSSARD est décédé en son domicile, le...,

Qu'après son décès, il n'a pas été fait d'inventaire,

Et qu'il a laissé pour héritiers :

1° Mlle TUSSARD (Henriette), célibataire majeure, sans profession, demeurant à...;

2° M. TUSSARD (Alfred), étudiant en droit, demeurant à...,

Ses enfants naturels, reconnus suivant déclaration passée devant le maire de..., le..., dont une expédition délivrée par M. le greffier du tribunal civil de..., le..., porte cette mention : Enregistré à..., le... (*copier*).

Conjointement pour trois quarts, ou dix-huit vingt-quatrièmes, séparément chacun pour neuf vingt-quatrièmes.

3° M. MUNIER (Louis);

4° Et Mlle MUNIER (Georgette),

Mineurs sous la tutelle légale de M. MUNIER (Henri), leur père, rentier, demeurant à...,

Ses neveu et nièce, pour un quart ou six vingt-quatrièmes, séparément chacun pour trois vingt-quatrièmes, comme étant issus du mariage de M. Henri MUNIER avec Mme TUSSARD (Félicie), décédée à..., le..., sœur germaine de M. TUSSARD, *de cujus*.

A l'appui de leurs déclarations (*voir la formule* 1).

ENREGISTREMENT. — Même droit qu'en la formule 1.

FORMULE 5. — Acte de notoriété. — Enfant naturel. — Non existence d'héritiers à réserve (*Commentaire*, n° 146).

(*Comparution comme en la formule* 1.)

Lesquels ont, par ces présentes, déclaré avoir parfaitement connu Mlle PICHON (Jeanne), en son vivant modiste, demeurant à...,

Et ils ont certifié pour vérité et notoriété publique :

Que Mlle PICHON est décédée en son domicile, à..., le...,

Qu'elle a laissé pour héritier M. PICHON (Louis), employé, demeurant à..., son enfant naturel, reconnu suivant acte passé devant Me..., notaire à..., le...,

Et qu'elle n'a laissé aucun descendant légitime ni aucun ascendant, par conséquent aucun héritier à réserve;

Que, par suite, le legs universel que Mlle PICHON a fait à M. Louis PICHON, suivant son testament reçu par Me..., notaire à..., le..., a pu recevoir sa pleine et entière exécution.

A l'appui de leurs déclarations (*voir la formule* 1).

ENREGISTREMENT. — Même droit qu'en la formule 1.

FORMULE 6. — Acte de notoriété. — Enfant naturel. — Héritiers pour la totalité (*Commentaire*, n° 93).

(*Comparution comme en la formule* 1.)

Lesquels ont, par ces présentes, déclaré avoir parfaitement connu Mlle DUVOISIN (Alice), en son vivant célibataire, sans profession, demeurant à...,

Et ils ont certifié pour vérité et notoriété publique :

Que Mlle DUVOISIN est décédée en son domicile, le...,

Et qu'à défaut d'ascendants, de frères et sœurs ou descendants d'eux, la totalité des biens composant sa succession est dévolue, chacun pour moitié, à ses deux enfants naturels, ci-après nommés, qu'elle a reconnus suivant acte passé devant Me..., notaire à..., le... :

1° M. DUVOISIN (Paul), étudiant en droit, demeurant à...;

2° Et M. DUVOISIN (Alfred), employé, demeurant à...

A l'appui de leurs déclarations (*voir la formule* 1).

ENREGISTREMENT. — Même droit qu'en la formule 1.

FORMULE 7. — Intitulé d'inventaire. — Enfants légitimes. — Enfants naturels (*Commentaire*, n° 64).

L'an..., le..., à deux heures de relevée, heure légale,

A la requête de :

1° M. DUCROT (Émile), négociant, demeurant à...;

2° M. DUCROT (Lucien), propriétaire, demeurant à...;

3° Et Mme DUCROT (Louise), rentière, veuve de M. CAMUS (Victor), demeurant à...

M. Emile DUCROT et M. Lucien DUCROT, frères germains, seuls enfants issus du mariage d'entre M. DUCROT (Paul-Pierre), en son vivant propriétaire, décédé à..., le..., et de Mme LAUGIER (Athénaïse), sa défunte épouse, ledit mariage célébré à la mairie de..., le...,

En cette qualité habiles à se dire et porter héritiers de M. DUCROT, leur père, chacun pour cinq douzièmes, en raison de l'existence d'un enfant naturel.

Mme CAMUS, née DUCROT, enfant naturelle de M. DUCROT, reconnue suivant déclaration reçue par Me..., notaire à..., le..., par conséquent avant son mariage, et, en cette qualité, habile à se porter héritière de M. DUCROT pour deux douzièmes.

FORMULE 8. — Intitulé d'inventaire. — Enfants légitimes. — Enfant naturel. — Conjoint survivant (*Commentaire*, nos 64, 73).

L'an...,

A la requête de :

1ent. Mme CAMUS (Jeanne-Pauline), veuve de M. DUCROT (Ernest), ladite dame rentière, demeurant à...,

Agissant :

1° A cause de la communauté réduite aux acquêts ayant existé entre elle et M. DUCROT, son défunt mari, aux termes de leur contrat de mariage passé devant M°..., notaire à..., le....

Laquelle communauté elle se réserve d'accepter ou de répudier, ainsi qu'elle avisera;

2° A cause des reprises, créances et avantages matrimoniaux qu'elle peut avoir à exercer contre la communauté et même contre la succession de son mari, en vertu de leur contrat de mariage ci-dessus énoncé et de tous autres titres;

3° Comme habile à se porter donataire de son mari, aux termes du même contrat de mariage, d'une rente viagère et annuelle de deux mille francs, payable de trois mois en trois mois à partir du décès de M. DUCROT;

4° Et comme habile à recueillir le quart de la succession en usufruit, en conformité de l'article 767 du Code civil, sauf à imputer sur ses droits la donation ci-dessus rappelée.

2ent. M. DUCROT (Emile), négociant, demeurant à...;

3ent. M. DUCROT (Lucien), propriétaire, demeurant à...;

4ent. Et Mlle DUCROT (Louise), rentière, veuve de M. LELONG (Victor), demeurant à...

M. Emile DUCROT et M. Lucien DUCROT, frères germains, seuls enfants issus du mariage de M. DUCROT avec Mme CAMUS, restée sa veuve, contracté à la mairie de..., le..., et en cette qualité habiles à se porter héritiers, en raison de l'existence d'un enfant naturel, conjointement pour dix douzièmes ou chacun pour cinq douzièmes de M. DUCROT, leur père, décédé à..., le...

Mme veuve LELONG, née DUCROT, enfant naturelle de M. DUCROT, reconnue suivant déclaration reçue par M°..., notaire à..., le..., par conséquent avant son mariage avec Mme CAMUS, et en cette qualité habile à se porter héritière pour deux douzièmes de M. DUCROT, son père.

FORMULE 9. — Intitulé d'inventaire. — Enfants légitimes. — Enfant naturel. — Part d'enfant légitime (*Commentaire*, n° 139).

(*Même hypothèse qu'en la formule 8, mais après la désignation des droits héréditaires des enfants naturels, ajouter :*)

En outre, Mme veuve LELONG, habile à se dire et porter légataire par préciput et hors part pour un quart de mondit sieur DUCROT, son père naturel, aux termes de son testament reçu par M°..., notaire à..., le..., enregistré; ledit legs devant être réduit à un sixième ou deux douzièmes, M. DUCROT ne pouvant, aux termes de l'article 908 du Code civil, léguer à Mme veuve LELONG qu'une part d'enfant légitime le moins prenant.

FORMULE 10. — Intitulé d'inventaire. — Enfants légitimes. — Descendants d'un enfant naturel (*Commentaire*, no 101).

(*Même hypothèse qu'en la formule 8, si ce n'est que Mme Lelong, enfant naturelle, étant prédécédée, est représentée par ses enfants légitimes.*)

M. LELONG (Victor), propriétaire, demeurant à...,

Agissant au nom et comme tuteur naturel et légal de LELONG (Édouard), né à..., le..., et LELONG (Berthe), née à..., le..., ses enfants mineurs.

Les mineurs LELONG, frère et sœur germains issus du mariage de M. LELONG avec Mme DUCROT (Louise), décédée en son domicile, à..., le...,

Et en cette qualité habile à se porter héritiers pour deux douzièmes de M. DUCROT, leur aïeul maternel, comme représentant Mme DUCROT (Louise), leur mère, qui était fille naturelle de M. DUCROT, *de cujus*, et reconnue par lui suivant acte passé devant Me..., notaire à..., le...

FORMULE 11. — Intitulé d'inventaire. — Enfants naturels. — Père et mère. — Frères et sœurs (*Commentaire*, no 81).

L'an...,

A la requête de :

1o M. DAVRANCHE (Justin), élève ingénieur, demeurant à...;

2o M. DAVRANCHE (Léon), propriétaire, et Mme COIGNET (Denise), son épouse, de lui autorisée, demeurant à...;

3o M. DAVRANCHE (Pierre), cultivateur, demeurant à...;

4o Mlle DAVRANCHE (Louise), couturière, demeurant à...,

M. Justin DAVRANCHE, enfant naturel de Mlle DAVRANCHE (Madeleine), reconnu suivant déclaration reçue par M. le maire de..., le..., et dont mention a été faite en marge de son acte de naissance; de laquelle reconnaissance une expédition délivrée par M. le maire de..., le..., portant cette mention : Enregistré à..., etc., est demeurée annexée après mention.

Et en cette qualité habile à se porter héritier pour trois quarts ou douze seizièmes de Mlle Madeleine DAVRANCHE, sa mère.

M. et Mme Léon DAVRANCHE, habiles à se porter héritiers conjointement pour un huitième ou séparément chacun pour un seizième de Mlle Madeleine DAVRANCHE, leur fille.

M. Pierre et Mlle Louise DAVRANCHE, frère et sœur germains de Mlle Madeleine DAVRANCHE, comme étant issus du mariage de M. Léon DAVRANCHE avec Mlle Denise COIGNET, et, en cette qualité, habiles à se porter héritiers conjointement pour un huitième ou séparément chacun pour un seizième.

FORMULE 12. — Intitulé d'inventaire. — Enfant naturel. — Frères et sœurs exclus par testament (*Commentaire*, no 140).

L'an...,

A la requête de :

M. DESRIEN (Victor), cultivateur, demeurant à...,

Enfant naturel de Mlle DESRIEN (Louise), en son vivant propriétaire, demeurant à..., décédée à..., le..., et reconnu par ladite demoiselle suivant acte passé devant Me..., notaire à..., le...,

Et en cette qualité habile à se porter légataire pour trois quarts de Mlle DESRIEN, sa mère, celle-ci n'ayant laissé aucun autre descendant, ni aucun ascendant, par conséquent aucun héritier à réserve, ainsi que le constate un acte de notoriété reçu par Me..., notaire..., le...

En outre habile à se porter légataire pour le quart de surplus en vertu du legs universel à lui fait par Mlle DESRIEN, aux termes de son testament reçu par Me..., notaire à..., le...

FORMULE 13. — Intitulé d'inventaire. — Enfant naturel héritier pour le tout (*Commentaire*, no 93).

L'an...,

A la requête de :

1ent. Mme CAMUS (Jeanne-Pauline), veuve de M. DUCROT (Ernest), ladite dame rentière, demeurant à...,

Agissant (*comme en la formule 4, sauf que Mme* DUCROT *est habile à recueillir la moitié de la succession en usufruit*) :

2ent. M. DUCROT (Paul), architecte, demeurant à...;

3ent. Mlle DUCROT (Amélie), artiste dramatique, demeurant à...,

Enfants naturels reconnus par M. DUCROT (Ernest), en son vivant bijoutier, demeurant à..., suivant déclaration devant Me..., notaire à..., le..., donc antérieurement à son mariage avec Mme CAMUS, célébré à la mairie de..., le...; ledit M. DUCHOT décédé à..., le...

Et en cette qualité habiles à se porter seuls héritiers de M. DUCHOT, leur père, en vertu de l'article 760 du Code civil, à défaut de descendants légitimes, d'ascendants, de frères et sœurs ou descendants d'eux, ainsi que le constate un acte de notoriété reçu par Me..., notaire à..., le...

FORMULE 14. — Testament. — Enfant naturel. — Legs universel (*Commentaire*, no 134).

J'institue pour mon légataire universel DUBOIS (Louis), mon fils naturel reconnu; en conséquence, je lui lègue l'universalité de mes biens et droits mobiliers et immobiliers qui formeront ma succession, sans aucune exception ni réserve.

FORMULE 15. — Testament. — Enfant naturel. — Quotité disponible. — Enfants légitimes (*Commentaire*, no 139).

Je lègue à DUBOIS (Louis), mon fils naturel reconnu, la quotité disponible des biens qui composeront ma succession; par conséquent, en outre de sa part héréditaire, il aura droit à la quotité disponible des parts dévolues par la loi à mes enfants légitimes jusqu'à concurrence d'une part d'enfant légitime le moins prenant.

FORMULE 16. — Testament. — Enfant naturel. — Quotité disponible. — Ascendants (*Commentaire*, no 145).

J'institue DUBOIS (Louis), mon fils naturel reconnu, pour mon légataire universel. En conséquence, je lui lègue toute la quotité disponible de ma succession, voulant que M. DUBOIS (Léon-Charles), mon père, s'il me survit, n'ait dans ma succession que sa réserve, telle qu'elle est fixée par la loi.

FORMULE 17. — Testament. — Légataire universel. — Tiers. — Enfant naturel (*Commentaire*, no 170).

J'institue pour mon légataire universel M. DUBOIS (Paul), mon frère, propriétaire, demeurant à...; en conséquence, je lui lègue toute la quotité disponible des biens qui composeront ma succession, voulant que Dubois (Louis), mon fils naturel, n'ait droit qu'à sa réserve telle qu'elle est fixée par la loi.

FORMULE 18. — Testament. — Legs universel. — Descendants légitimes de l'enfant naturel (*Commentaire*, n° 120).

Je lègue à Dubois (Pierre-Léon), et Dubois (Louise-Alice), enfants nés du mariage de Dubois (Albert), mon fils naturel reconnu, décédé à..., le..., avec Mme Lejeune (Eugénie), conjointement entre eux, l'universalité des biens meubles et immeubles qui composeront ma succession; en conséquence, je les institue conjointement pour mes légataires universels.

Si ces deux enfants ou l'un d'eux viennent à me prédécéder, laissant des enfants légitimes, ceux-ci recueilleront dans ma succession, comme représentant leur auteur, la part qui lui aurait été dévolue en vertu du présent testament.

FORMULE 19. — Liquidation de communauté et succession. — Enfants légitimes. — Enfants naturels. — Conjoint survivant (*Commentaire*, nos 64, 73).

Par devant Me...,

Ont comparu :

1ent. Mme Duchenin (Marie), propriétaire, demeurant à..., veuve de M. Casmin (Louis),

Agissant :

1° A cause de la communauté réduite aux acquêts ayant existé entre elle et M. Casmin, son défunt mari, aux termes de leur contrat de mariage passé devant Me..., notaire à..., le...;

2° A cause des reprises, créances et avantages matrimoniaux qu'elle peut avoir à exercer contre la communauté, en vertu de leur contrat de mariage précité ou de tous autres titres;

3° Et comme ayant droit à un quart en usufruit des biens dépendant de la succession de son mari, en vertu de l'article 767 du Code civil.

2ent. M. Potain (Paul), propriétaire, et Mme Casmin (Louise), son épouse, qu'il autorise, demeurant ensemble à...,

M. et Mme Potain, mariés sous le régime de la communauté

réduite aux acquêts, sans clause de dotalité ou d'emploi, aux termes de leur contrat de mariage passé devant Mᵉ..., notaire à..., le...

3ᵉⁿᵗ. M. CASMIN (Charles), étudiant en droit, demeurant à...;

4ᵉⁿᵗ. M. CASMIN (Léon-Henri), docteur en médecine, demeurant à...;

5ᵉⁿᵗ. Mˡˡᵉ CASMIN (Henriette), sans profession, célibataire majeure, demeurant à...

Mᵐᵉ POTAIN et M. Charles CASMIN, frère et sœurs germains, seuls enfants issus du mariage de M. CASMIN avec Mᵐᵉ DUCHENIN, et en cette qualité héritiers conjointement pour six huitièmes, soit séparément chacun pour trois huitièmes, de M. CASMIN, leur père.

M. Léon CASMIN et Mˡˡᵉ Henriette CASMIN, enfants naturels reconnus de M. CASMIN, suivant déclaration reçue par Mᵉ..., notaire à..., le..., et en cette qualité héritiers ensemble pour deux huitièmes, séparément chacun pour un huitième.

Ainsi que ces qualités sont constatées en l'inventaire dressé après le décès de M. CASMIN, et qui sera analysé ci-après sous la ...ᵉ observation.

Lesquels ont, par ces présentes, procédé à la liquidation et au partage : 1° de la communauté ayant existé entre M. et Mᵐᵉ CASMIN; 2° et de la succession de M. CASMIN.

Pour l'intelligence de ces opérations, ils ont exposé ce qui suit :

EXPOSÉ PRÉLIMINAIRE.

(Donner le résumé du contrat de mariage, de l'inventaire et des divers actes dont il peut résulter une reprise ou une récompense ou des éléments d'actif ou de passif.)

OPÉRATIONS.

Cet exposé terminé, il est passé aux opérations de liquidation, qui sont divisées en trois chapitres, comprenant :

Le premier, la liquidation de la communauté;

Le second, la liquidation de la succession de M. CASMIN;

Le troisième, la fixation des droits des parties, les abandonnements et les conditions générales du partage.

En raison du peu de temps qui s'est écoulé depuis la dissolution de la communauté et de la nature de l'actif, la jouissance divise remontera au jour du décès de M. CASMIN, ce qui évitera une distinction de fonds et de fruits.

CHAPITRE PREMIER. — LIQUIDATION DE LA COMMUNAUTÉ.

§ Ier. *Masse active.*

Art. 1er (*Détail de l'actif de communauté*).	»	»
Montant de la masse active . . .	246,860	»

§ II. *Masse passive.*

Art. 1er (*Détail du passif de communauté*).	»	»
Montant de la masse passive . .	75,660	»

§ III. *Balance.*

La masse active se monte à	246,860	»
La masse passive à	75,660	»
Reliquat actif	171,200	»
Dont moitié pour chacun de Mme veuve Casmin et de la succession de M. Casmin est de	85,600	»

CHAPITRE II. — LIQUIDATION DE LA SUCCESSION.

§ 1er. *Masse active.*

Art. 1er (*Détail de l'actif de succession*)	»	»
Montant de la masse active . . .	125,640	»

§ II. *Masse passive.*

Art. 1er (*Détail du passif de succession*).	»	»
Montant de la masse passive . .	4,450	»

§ III. *Balance.*

La masse active se monte à	125,640	»
La masse passive à.	4,450	»
Reliquat actif	121,190	»
Dont le quart soumis à l'usufruit de Mme veuve Casmin est de	30,297	50
Reste en toute propriété	90,892	50

Mme Potain et M. Charles Casmin ont droit chacun à trois huitièmes en toute propriété, soit trente-quatre mille quatre-vingt-

	Nue propriété.	Propriété.
quatre francs soixante-huit centimes, ensemble		68,169 36
Et en nue propriété à pareille quotité, soit chacun onze mille trois cent soixante-un francs cinquante-six centimes, ensemble.	22,723 12	
M. Léon CASMIN et Mlle Henriette CASMIN ont droit chacun à un huitième en toute propriété, soit onze mille trois-cent soixante-un francs cinquante-sept centimes, ensemble . .		22,723 14
Et en nue propriété à pareille quotité, soit chacun trois mille sept cent quatre-vingt-francs dix-neuf centimes, ensemble	7,574 38	
Totaux	30,297 50	90,892 50

CHAPITRE III. — FIXATION DES DROITS DES PARTIES; ABANDONNEMENTS; ATTRIBUTIONS.

§ I. *Fixation des droits des parties.*

I. *Mme veuve* CASMIN.

Mme veuve CASMIN a droit : 1ent. *En pleine propriété*, à :	» »
1° La somme de quatre-vingt-cinq mille six cents francs, formant sa moitié des bénéfices de communauté .	85,600 »
2° Celle de vingt-cinq mille francs, montant de ses reprises en deniers	25,000 »
3° Celle de quatre mille francs, montant de son préciput	4,000 »
4° Celle de deux mille francs, montant de son indemnité de nourriture	2,000 »
5° Celle de deux mille francs, montant de son indemnité de deuil	2,000 »
Ensemble	118,600 »
2ent. *En usufruit* au quart de la succession, en vertu de l'article 767 du Code civil, soit trente mille deux cent quatre-vingt-dix-sept francs cinquante centimes . . .	30,297 50

II. *Enfants légitimes.*

Mme POTAIN et M. Charles CASMIN ont droit chacun, comme héritiers de leur père :	
En pleine propriété à la somme de trente-quatre mille quatre-vingt-quatre francs soixante-huit centimes, ensemble	68,169 36
A reporter.	217,066 86

Report.	217,066 86
En nue propriété à la somme de onze mille trois cent soixante-un francs cinquante-six centimes, soumise à l'usufruit de Mme veuve CASNIN.	

III. *Enfants naturels.*

M. Léon CASNIN et Mlle Henriette CASNIN ont droit chacun, comme héritiers de leur père :

En pleine propriété à la somme de onze mille trois cent soixante-un francs cinquante-sept centimes, ensemble	22,723 14
En nue propriété à la somme de trois mille sept cent quatre-vingt francs dix-neuf centimes, soumise à l'usufruit de Mme veuve CASNIN.	

IV. *Acquit du passif.*

Le passif à acquitter est de (*indiquer le détail*)	» »	
Ensemble	7,070 »	7,070 »
Total égal à la masse partageable. . . .		246,860 »

II. *Attributions.*

(*Indiquer les attributions à chacun des copartageants pour le remplir de ses droits ainsi que les attributions pour l'acquit du passif; mentionner ensuite les conditions du partage.*)

ENREGISTREMENT. — Droit proportionnel à 0,15 p. 100.

FORMULE 20. — Partage de succession. — Enfant naturel. — Père. — Frères et sœurs (*Commentaire*, n° 81).

PAR DEVANT Me...,

ONT COMPARU :

1° M. LEMOINE (Justin), cultivateur, demeurant à...;
2° M. LEMOINE (Léon), propriétaire, demeurant à...;
3° M. LEMOINE (Adolphe), meunier, demeurant à...;
4° Et Mlle LEMOINE (Jeanne), couturière, demeurant à...,

M. Justin LEMOINE, enfant naturel de Mlle LEMOINE (Madeleine), reconnu suivant déclaration reçue par M. le maire de..., le..., et dont mention a été faite en marge de son acte de naissance; de laquelle reconnaissance une expédition délivrée par M. le maire de..., le..., porte cette mention : Enregistré, etc.

En cette qualité héritier pour trois quarts ou vingt-quatre

trente-deuxièmes de Mlle LEMOINE (Madeleine), sa mère, en son vivant rentière, demeurant à..., où elle est décédée, le...

M. Léon LEMOINE, héritier pour deux trente-deuxièmes de Mlle LEMOINE, sa fille, issue de son mariage avec Mme POULIN (Louise), sa défunte épouse.

M. Adolphe LEMOINE et Mlle Jeanne LEMOINE, frère et sœur germains de Mlle Madeleine LEMOINE, comme étant issus du mariage de M. Léon LEMOINE avec Mme POULIN, et en cette qualité héritiers conjointement pour six trente-deuxièmes, séparément chacun pour trois trente-deuxièmes.

Ainsi que ces qualités sont constatées en l'inventaire dressé après le décès de Mlle LEMOINE par Me..., notaire, le...

Lesquels ont, par ces présentes, procédé au partage de la succession de Mlle LEMOINE, *de cujus*.

MASSE ACTIVE.

(*Indiquer le détail*).	»	»
Montant de la masse active de succession. .	92,980	»

MASSE PASSIVE.

(*Indiquer le détail*)	»	»
Montant de la masse passive	10,840	»

BALANCE.

La masse active de succession s'élève à			92,980	»
La masse passive à			10,840	»
Reliquat net partageable			82,140	»
Revenant :				
A M. Justin LEMOINE pour trois quarts ou vingt trente-deuxièmes, soit.	61,605	»		
A M. Léon LEMOINE pour deux trente-deuxièmes, soit.	5,133	75		
A M. Adolphe LEMOINE et Mlle Jeanne LEMOINE, chacun pour trois trente-deuxièmes, soit sept mille sept cent francs soixante-sept centimes, ensemble	15,401	25		
Total égal à la masse partageable .	82,140	»	82,140	»

ATTRIBUTIONS.

(*Indiquer les attributions et clauses des copartageants pour le remploi de leurs droits et l'affectation pour l'acquit du passif.*)

ENREGISTREMENT. — Droit proportionnel à 0,15 p. 100.

FORMULE 21. — Partage de succession. — Enfant naturel. — Légataire universel — Père et mère (*Comment.*, nos 173, 174).

PAR DEVANT Me...,

ONT COMPARU :

1° M. LEMOINE (Justin), cultivateur, demeurant à...,

2° M. LEMOINE (Léon), propriétaire, et Mme POTIN (Louise), son épouse qu'il autorise, demeurant ensemble à...,

M. Justin LEMOINE, enfant naturel de Mlle LEMOINE (Madeleine), reconnu suivant acte passé devant Me... notaire à..., le..., et en cette qualité héritier pour trois quarts ou six huitièmes de ladite demoiselle LEMOINE, sa mère, en son vivant rentière, demeurant à... où elle est décédée, le, ci. . . 6/8

En outre, légataire universel de Mlle LEMOINE, aux termes de son testament reçu par Me..., notaire à..., le..., et ayant droit, en cette qualité, à un huitième de la succession. 1/8

Ensemble pour les droits de M. Justin LEMOINE . 7/8

M. et Mme Léon LEMOINE, héritiers réservataires, chacun pour un seizième, ensemble pour un huitième, de Mlle LEMOINE, leur fille, ci. 1/8

Total égal à l'autre. 8/8

Lesquels ont, par ces présentes (*comme en la formule précédente*).

La masse nette partageable est de . . . . 82,140 »

Revenant :

A M. Justin LEMOINE pour sept huitièmes, soit 71,872 50

A M. et Mme Léon LEMOINE pour un huitième, soit. 10,267 50

Total égal à la masse partageable. 82,140 » 82,140 »

ATTRIBUTIONS. (*Voir formule précédente.*)

ENREGISTREMENT. — Droit proportionnel 0,15 p. 100.

FORMULE 22. — Déclaration de succession. — Communauté légale. — Enfants légitimes. — Enfants naturels. — Conjoint survivant (*Commentaire*, n° 188).

M. VINCENT (Victor), en son vivant propriétaire, demeurant à..., est décédé en son domicile, le..., laissant :

Mme DUCLIN (Alice), son épouse, avec laquelle il était marié sous le régime de la communauté réduite aux acquêts, aux termes de leur contrat de mariage reçu par Me..., notaire à..., le..., comme ayant droit, en vertu de l'art. 767 du Code civil, à l'usufruit du quart des biens de sa succession.

Et pour héritiers :

1° Mlle VINCENT (Henriette), sans profession, demeurant à...;

2° M. VINCENT (Louis), cultivateur, demeurant à...,

Ses fils et fille issus de son mariage avec Mme DUCOIN.

3° Et M. VINCENT (Paul), artiste peintre, demeurant à...,

Son enfant naturel reconnu suivant déclaration reçue par M. le maire de..., le...

Ainsi que ces qualités sont constatées en l'inventaire dressé après le décès de M. VINCENT par Me..., notaire à..., le...

LIQUIDATION DES REPRISES.

(*Indiquer les reprises en deniers auxquels ont droit chacun des époux*).

ACTIF DE COMMUNAUTÉ.

1°..., 2°..., 3°... (*Indiquer le détail*)		» »
Total de l'actif de communauté . . .		154,840 »
A déduire :		
Reprises de Mme veuve VINCENT	45,840 »	
Reprises de la succession de M. VINCENT.	12,150 »	
Ensemble.	57,990 »	57,990 »
Reste . , ...		96,854 »
Dont moitié pour la succession est de .		48,425 »

ACTIF DE SUCCESSION.

1° Moitié de la communauté.	48,425 »
2° Reprises en deniers de la succession	12,150 »
3°..., 4°..., 5°... (*Indiquer le détail des biens et valeurs dépendant de la succession*)	» »
Montant de l'actif de succession . . .	124,564 »
Dont le quart est de	31,141 »

DROITS A PAYER.

I. Mme veuve VINCENT, à 3 p. 100 sur un quart en usufruit s'élevant à 31,141 francs, soit moitié, ou 15,580.		467 40
Double décime et demi		116 85
Ensemble		584 25
II. Héritiers sur 124,580 francs à 1 pour cent	1,245 80	
Double décime et demi . .	311 45	
Ensemble	1,557 25	1,557 25
Timbre de quittance		» 25
Total des droits à payer		2,141 75

FORMULE 93. — Déclaration de succession. — Enfants légitimes. — Enfant naturel. — Légataire universel (*Commentaire*, n° 188).

Mme DUPONT (Louise), veuve de M. DANTON (Paul), en son vivant rentière, demeurant à..., où elle est décédée le..., a laissé pour héritiers :

1° M. DANTON (Emile), horloger, demeurant à...;

2° Mlle DANTON (Pauline), sans profession, demeurant à...,

Ses enfants issus de son mariage avec M. DANTON,

Et Mme DUPONT (Alice), épouse de M. DUCHENIN (Louis), épicier, avec lequel elle demeure à...,

Son enfant naturel reconnu, suivant acte passé devant Me..., notaire à..., le...

Aux termes de son testament reçu par Me..., notaire à..., le..., elle a légué à Mme QONTIN, non parent, propriétaire, demeurant à..., toute la quotité disponible de sa succession, lequel legs, en présence d'un enfant naturel, ne comprend que les sept vingt-quatrièmes.

ACTIF DE SUCCESSION.

1°..., 2°..., 3°... (*Indiquer le détail*)	» »
Ensemble.	45,960 »
Dont les sept vingt-quatrièmes, formant la quotité disponible, sont de	13,405 »
Le surplus revenant aux héritiers est de	32,555 »

DROITS A PAYER.

I. Héritiers à 1 p. 100 sur 32,560 francs	325 60
II. Mme QONTIN à 9 p. 100 sur 13,420 francs	1,207 80
Ensemble.	1,533 40
Double décime et demi	383 35
Timbre de quittance . . .	» 25
Total des droits à payer	1,917 »

FORMULE 94. — Déclaration de succession. — Enfant naturel. — Père et mère. — Frères et sœurs (*Commentaire*, n° 188).

Mlle DESPRAIRIES (Amélie), en son vivant modiste, demeurant à..., où elle est décédée le..., a laissé pour héritiers :

1° M. Desprairies (Jules), cultivateur, demeurant à..., son enfant naturel reconnu, suivant acte reçu par Me..., notaire à..., le..., pour trois quarts ou six huitièmes;

2° M. Desprairies (Pierre), cultivateur, et Mme Lelong (Alice), son épouse, demeurant ensemble à..., ses père et mère, conjointement pour un huitième ;

3° M. Desprairies (Charles), cultivateur, demeurant à...;

4° Mlle Desprairies (Victorine), sans profession, demeurant à...,

Ses frères et sœur germains, issus du mariage de M. et Mme Desprairies, susnommés, pour un huitième.

Actif de succession.

1°..., 2°..., 3°... (*Indiquer le détail*)		» »
Ensemble		45,850 »
Revenant à :		
M. Jules Desprairies pour six huitièmes .	34,387 50	
M. et Mme Pierre Desprairies pour un huitième	5,731 25	
M. Charles et Mlle Victorine Desprairies pour un huitième	5,731 25	
	45,850 »	45,850 »

Droits a payer.

I. M. Jules Desprairies, 1 p. 100 sur 34,400 francs . .	344 »
II. M. et Mme Pierre Desprairies, 1 p. 100 sur 5,740 fr.	57 40
III. M. Charles et Mlle Victorine Desprairies, à 6,50 p. 100 sur 5,740 francs	373 10
Ensemble	774 50
Double décime et demi	193 62
Timbre de quittance	0 25
Total des droits à payer	968 37

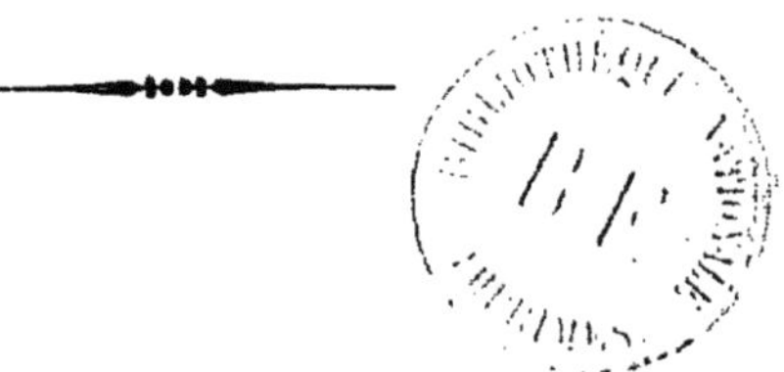

TABLE ALPHABÉTIQUE

FIN DE LA TABLE ALPHABÉTIQUE.

TABLE MÉTHODIQUE DES MATIÈRES

FIN DE LA TABLE MÉTHODIQUE DES MATIÈRES.

BESANÇON. — IMP. OUTHENIN-CHALANDRE FILS ET Cie

www.ingramcontent.com/pod-product-compliance
Ingram Content Group UK Ltd.
Pitfield, Milton Keynes, MK11 3LW, UK
UKHW012053240726
13965UKWH00003B/1267